Bastiaan Baan

Christliche Meditation

Bastiaan Baan

Christliche
MEDITATION
Eine Einführung

Verlag Urachhaus

Aus dem Niederländischen von Conrad Schaefer

Die niederländische Originalausgabe erschien erstmals 1999
unter dem Titel *Wegen naar christelijke meditatie*
bei Uitgeverij Christofoor, Zeist.

ISBN 978-3-8251-7613-6

Erschienen im Verlag Urachhaus
www.urachhaus.com

© 2008 Verlag Freies Geistesleben & Urachhaus GmbH, Stuttgart
© 1999/2007 Bastiaan Baan / Uitgeverij Christofoor
Abbildung auf S. 129: © akg-images / Erich Lessing
Umschlaggestaltung: U. Weismann unter Verwendung eines Bildes
von Uta Albeck
Gesamtherstellung: AALEXX Druck GmbH, Großburgwedel

Inhalt

Einleitung 9

Teil I Die Vorbereitung auf das Meditieren
1 Die Vorbereitung 15
2 Woher nehme ich die Ruhe? 18
3 Meditation und die tägliche Arbeit 26
4 Die Rolle der Sinne 31
5 Konzentration, Kontemplation und Meditation 37
6 Der Weg des größten Widerstands? 42
7 Die Schulung des Willens 47
8 Die Nebenübungen 51
9 Der Weg und das Ziel 55

Teil II Formen der Meditation
1 Die Rückschau 61
2 Morgen, Mittag, Abend und Nacht 70
3 Wort- und Bildmeditation 76
4 Gebet und Meditation 81
5 Kultus und Meditation 88
6 Meditationen für Verstorbene 94
7 Die goldene Mitte 103
8 Die Kunst der Zurückhaltung 108

Teil III Meditationsinhalte aus dem Neuen Testament
1 Christentum und Meditation 113
2 Warum das Johannesevangelium? 118
3 Die »Ich-Bin-Worte« im Neuen Testament 120

4 Das Rätsel des Ich 130
5 Ich bin das Brot des Lebens 135
6 Ich bin der Weinstock 141
7 Christus in uns 144

Anhang
Anmerkungen 151
Literatur 155

Wir stehen in einer ungeheuer ernsten Prüfungszeit, dessen müssen wir uns mehr und mehr bewusst werden. Alles Böse und alles Gute kommt jetzt in einer oft ganz erschütternden Weise ans Tageslicht. Wer jetzt noch meditieren kann, wirkt stark auf alles Geschehen ein.

Nur die Allerwenigsten haben die Möglichkeit, zu verstehen, um was es sich handelt, geschweige denn die Kraft, die Aufgabe, die uns gestellt ist, zu erfüllen. Umso wichtiger ist es, dass die Wenigen, die wirkliches Verständnis haben, nun alle Kraft aufwenden, um mit höchstem Ernst und mit höchster Konzentration, ja mit aller Magie, die sie aus den Untergründen ihrer Seelen heraus aufbringen können, dahin zu arbeiten und sich dafür zu opfern, dass die Menschheit den Heiligen Geist, der die Zukunftsentwicklung der Menschheit leiten soll, nicht völlig verliert.

Noch nie sind wir so unmittelbar vor den Abgrund gestellt wie in der Gegenwart.[1]

Einleitung

Die Worte, die dem Buch als Motto vorangestellt sind, bringen mit wenigen Sätzen etwas von dem ungeheuren Ernst und der Tragik, aber auch den Möglichkeiten zum Ausdruck, mit denen wir gegenwärtig als Menschheit konfrontiert werden.

Obwohl sie am Anfang des 20. Jahrhunderts von Rudolf Steiner, dem Begründer der Anthroposophie, an einen persönlichen Schüler gerichtet wurden, klingen sie jetzt, nach der Wende zum nächsten Jahrhundert, noch genauso zeitgemäß. Ich denke sogar, dass wir die Tragweite dieser Worte, die wir einzeln auf der Goldwaage abwägen müssen, in unserer Zeit besser ermessen können als damals. Denn was am Beginn des 20. Jahrhunderts noch kaum vorstellbar war, ist heute für einen großen Teil der Menschheit zur Realität geworden. Wir leben zunehmend mit der Erkenntnis, dass wir am Rande des Abgrunds stehen. In unserem sarkastischen modernen Humor können wir es nicht unterlassen, selbst darüber Witze zu machen: »Wir haben eine einfache Fahrkarte in den Abgrund gebucht, aber wir reisen wenigstens erster Klasse ...«

Noch in anderer Weise ist das Motto, das dem Buch vorangestellt wurde, heute für viele Menschen nachvollziehbar. Wir suchen in unterschiedlicher Weise nach Mitteln und Wegen, uns innerlich zu behaupten. Noch vor einem halben Jahrhundert wäre es nahezu undenkbar gewesen, dass so viele Menschen Zuflucht zur Meditation suchen würden (was immer darunter genau verstanden werden mag). Der Druck, dem wir ausgesetzt sind, ist so groß, dass wir das Gefühl bekommen, ›nicht mehr atmen‹ zu können. So wie der Körper nicht ohne Sauerstoff auskommen kann, so kann die Seele auf Dauer nicht ohne den Atem des Geistes überleben. Wir bedürfen eines starken

Mittels, um innerlich aufrecht zu bleiben. Um zu leben, statt gelebt zu werden. Um wir selbst zu bleiben, unter allen Umständen.

Von alters her ist Meditation ein Mittel, die Zügel in die Hand zu nehmen und Herr und Meister über sich selbst zu werden. Meditation ist der Königsweg, in allen wechselnden Lebenssituationen dennoch frei zu sein. Sogar in den allerunfreisten Situationen, in Gefangenschaft oder als zum Tode Verurteilte, haben Menschen diese Kunst ausgeübt. Wer einmal diesen ›Spiel-Raum‹ in sich entdeckt hat, hat seinem Alltagsleben etwas Wertvolles hinzugefügt.

»Wer jetzt noch meditieren kann, wirkt stark auf alles Geschehen ein«, schrieb Rudolf Steiner seinem Schüler Bartsch. In diesem Buch geht es nicht nur darum, dass wir uns durch Meditation selbst besser kennenlernen und in die Hand nehmen, sondern auch darum, dass dadurch im Leben und in der Arbeit – mit anderen Menschen, mit Verstorbenen, ja sogar den Hierarchien – etwas Neues möglich wird.

Zeit zu schaffen, um ganz zu sich selbst zu kommen, inneren Raum zu schaffen, um Menschen, Ereignisse und geistige Inhalte ganz an sich herankommen zu lassen, ist heute mehr denn je notwendig – um nicht am Wichtigsten vorbeizugehen, was unsere Zeit uns zu bieten hat, und um zu wissen, wessen es in einer im wahrsten Sinne atemberaubenden Zeit bedarf.

Dieses Buch wäre nicht entstanden ohne die vielen Gespräche, die ich in meinem Beruf als Pfarrer über dieses Thema führen durfte. Aus diesen Gesprächen wurde allmählich deutlich, dass viele Hindernisse aus dem Weg zu räumen sind, bevor man meditieren kann. Darum ist der erste Teil der Vorbereitung auf die Meditation gewidmet. Im zweiten Teil behandle ich verschiedene Formen von Meditation, während der dritte Teil einige Meditationsinhalte im engeren Sinne darstellt.

Zwei Inspirationsquellen bilden den Ausgangspunkt dieses Buches. Dank der Anthroposophie Rudolf Steiners – insbesondere seines Grundwerks *Wie erlangt man Erkenntnisse der höheren Welten?* – habe ich mir im Laufe von fast dreißig Jahren aktiver Meditationsausübung einige Erkenntnisse in Bezug auf die meditative Praxis und die Grundbegriffe erwerben können.

Eine weitere Quelle habe ich mir allmählich zu erschließen gelernt: das Johannes-Evangelium. Darum wird der dritte Teil dieses Buches, in welchem Meditationsinhalte besprochen werden, insbesondere Inhalte aus diesem Evangelium zur Sprache bringen. Damit ist keineswegs zum Ausdruck gebracht, dass andere Inhalte sich weniger oder gar nicht für eine meditative Verwendung eignen. Es ist vielmehr so, dass ich mich auf ein kleines Gebiet beschränken musste, mit welchem ich im Lauf der Jahre vertraut geworden bin.

Besonderen Dank für ihre Hilfe beim Zustandekommen dieses Buches schulde ich Marieke Anschütz, Joop van Dam und Maarten Udo de Haes.

TEIL I DIE VORBEREITUNG AUF DAS MEDITIEREN

1   Die Vorbereitung

Im Gleichnis vom Sämann, das Christus dem Volk und danach seinen Jüngern erzählt, sind die wesentlichen Elemente, die zur Meditation gehören, formuliert:

»Als eine große Menge zusammenkam und Menschen aus den verschiedenen Städten zu ihm zogen, sprach er in einem Gleichnis: Der Sämann ging aus, um seinen Samen zu säen.
Und beim Säen fiel ein Teil der Saat neben den Weg und wurde zertreten und die Vögel des Himmels aßen sie auf.
Ein anderer Teil fiel auf Felsboden und verdorrte, als er aufgegangen war, weil er keine Feuchtigkeit hatte.
Ein weiterer Teil fiel mitten zwischen die Dornen, und die Dornen wuchsen heran und erstickten ihn.
Ein anderer Teil fiel in gute Erde, ging auf und trug hundertfältige Frucht.
Nach diesen Worten rief er aus: Wer Ohren hat zu hören, höre!
Seine Jünger fragten ihn, was dieses Gleichnis bedeutete. Er sagte: Ihr habt die Fähigkeit, die Geheimnisse des Reiches Gottes denkend in euch aufzunehmen. Den anderen werden sie in Bildern gegeben, weil sie ›während sie sehen, nichts sehen, und während sie hören, nichts verstehen‹.
Das Gleichnis bedeutet dies: Die Saat ist das göttliche Wort.«
(Lukas 8,4–11)

Danach stellt Jesus dar, wie dieses göttliche Wort durch Menschen und menschliche Schwächen unfruchtbar gemacht werden kann – und wie es andererseits durch vertieftes Hören Frucht tragen kann.

Genau wie es in der Pflanzenwelt ist, ist es auch hier: Die Saat kann nicht gedeihen, wenn sie nicht in gute Erde fällt.

Für die Meditation gilt dasselbe. Von alters her bestehen die Inhalte von Meditationen aus dem »göttlichen Wort«. Nicht jedes Wort und jeder Text eignet sich dafür, meditiert zu werden. Der Begriff der Meditation ist heute entwertet – sogar bis hin zu luftigen Reflexionen und Luftschlössern –, ursprünglich wurde er für Inhalte und Worte benutzt, die durch göttliche Inspiration empfangen wurden. Doch dieser Inhalt ist sich selbst nicht genug. Er trägt erst Früchte, wenn er in gute Erde fällt. »Die Saat in der guten Erde, das ist: bei Menschen, die das Wort, das sie gehört haben, in einem edlen und guten Herzen bewahren und Frucht tragen in Ausdauer.« (Lukas 8,15)

Man könnte die vielen Meditationsinhalte, die uns aus der Vergangenheit überliefert sind, mit ganz altem Saatgut vergleichen, das jahrhundertelang seine Keimkraft erhalten hat. Entscheidend für die Zukunft dieses Samens ist jedoch, wo er hinfällt. So wie es der Fall ist mit den jahrtausendealten Getreidekörnern, die zu Beginn des 20. Jahrhunderts in der Chefren-Pyramide gefunden wurden und immer noch volle Keimfähigkeit besaßen.

In allen unterschiedlichen Kulturen und Zeitaltern bis hin zum Werk des modernen Mystikers Dag Hammarskjöld ist das meditative Leben mit dem Leben der Pflanzenwelt verglichen worden. Selten oder nie findet man Vergleiche mit der Welt der toten Materie oder der Tiere. Das hängt damit zusammen, dass auf diesem Gebiet nur durch Geduld und Ausdauer etwas erreicht werden kann: »Frucht tragen in Ausdauer« – das griechische Wort, das hier im Neuen Testament steht, deutet an, dass man die Bereitschaft hat, etwas von Anfang bis Ende durchzutragen: *hypo-moné* bedeutet buchstäblich: »darunter bleiben«, »unter der Last bleiben«.

Man braucht, um zu meditieren, keine Engelsgeduld zu haben, eher eine Art ›Gärtnergeduld‹. Ein Gärtner wird, wenn er etwas ausgesät hat, nicht nach kurzer Zeit die Erde aufwühlen, um nachzuschauen, ob die Samen bereits zu keimen beginnen. So ist es auch auf diesem Gebiet: Beständig und regelmäßig ackern und pflegen, ist das beste Mittel, diese verborgene Fähigkeit zu entwickeln.

Im Gleichnis vom Sämann wird der entscheidende Satz am Ende zu den Jüngern gesprochen: »Achtet also darauf, *wie* ihr zuhört!« Dies gilt auch für die Meditation: Das Wie ist wichtiger als das Was, die eigentliche Empfänglichkeit ist in gewisser Hinsicht wichtiger als der Inhalt. Um diese Empfänglichkeit für das meditative Wort bzw. Bild zu stärken, bedarf es als elementarster Vorbereitung der Ruhe.

2 Woher nehme ich die Ruhe?

Mitten im Gelärm
das innere Schweigen bewahren.
Offen, still, feuchter Humus
im fruchtbaren Dunkel bleiben,
wo Regen fällt und Saat wächst –
stapfen auch noch so viele
im trockenen Tageslicht
über die Erde
in wirbelndem Staub.
Dag Hammarskjöld[2]

Ohne tiefe innere Ruhe – tiefer, als man sie sich gemeinhin vorstellt – ist Meditation unmöglich. Doch woher nehmen wir diese Ruhe in einer Zeit, die ruheloser und lärmender ist als je zuvor? Wie schaffen wir es, uns gegen alles, was an Betriebsamkeit um uns ist, abzuschließen und innerlich still zu werden?

Intuitiv wissen wir eigentlich alle, dass wir uns in Stille und Ruhe regenerieren können. »Stille ist die Achse des Daseins«, schreibt der niederländische Dichter Adriaan Roland Holst – und es ist eine Illusion zu glauben, dass wir diese Stille heutzutage geschenkt bekommen. Wenn wir heute schon einen Ort finden, wo es wirklich still ist, dann herrscht in den meisten Menschen eine solche innere Unruhe, dass sie die Stille nicht einmal ertragen können. Es erfordert beispielsweise innere Kraft und Sicherheit, allein in der norwegischen Wildnis zu wandern. Sobald wir dies tun, werden wir in der unaussprechlichen Stille mit uns selbst konfrontiert, mit verborgenen Ängsten und Stimmungen, derer wir uns sonst kaum bewusst sind.

Es ist darum sinnvoll, ›ganz klein‹ anzufangen und von einer konkreten Wahrnehmung auszugehen. So habe ich mir in einer Zeit äußerster Arbeitsüberlastung dadurch geholfen, dass ich mich regelmäßig in einen Park setzte und versuchte, die Bewegungen des Wassers in einem Brunnen zu beobachten. Wenn man ein solches Wasserspiel von Anfang bis Ende verfolgt, gelangt man von selbst in eine strömende, entspannte Ruhe: Wasser, das mit Kraft und Schwung aus der Tiefe eines Teichs emporschießt, sich in den Glanz silbriger Farben auffächert, seinen höchsten Punkt erreicht und wieder in spielerischen, launischen Formen in die Tiefe zurückfällt. Man kann dieses Spiel, das im Sonnenlicht etwas Bezauberndes hat, so lange mit den Augen verfolgen, dass man es vor sich sieht, selbst wenn man die Augen schließt. Der Eindruck wird noch verstärkt, wenn man sich eine Weile lang mit geschlossenen Augen auf das Geräusch des fallenden Wassers konzentriert. Nach einiger Zeit kann man diese Vorstellung auch an anderen Orten von Anfang bis Ende herstellen. Doch immer erfordert es so eine Vorstellung, von Zeit zu Zeit zum ›Quell‹ zurückzukehren: der eigentlichen Wahrnehmung selbst. Natürlich ist dieser Quell viel größer und unerschöpflich: Es ist die Natur selbst, die ja buchstäblich bis zum heutigen Tag niemals erschöpft ist, ganz gleich, wie wir sie behandeln und misshandeln.

In den Wochen, in denen ich an diesem Buch schreibe, habe ich keine Wasserfontäne ›zur Hand‹ – sondern ich beschränke mich auf die Hyazinthenzwiebel, die auf meinem Schreibtisch steht. Indem ich tagaus, tagein ihren feinen Wachstumsbewegungen folge, mein Auge auf den Formen und Farben ruhen lasse, entsteht die Ruhe von selbst. Im Kapitel über »Die Rolle der Sinne« werde ich dies noch näher darstellen.

Die Ruhe ist nicht nur in der Natur anwesend, sondern auch in einem Teil unseres Wesens. An der Oberfläche unseres Seelenlebens herrschen meistens Ruhelosigkeit und Trubel, genau wie die Oberfläche des Wassers fast immer in Bewegung ist. In den Seelentiefen dagegen herrscht Ruhe, wie auch das Wasser in der Tiefe träge, stille Unterströmungen hat. Diese innere Tiefe wird durch tiefe Eindrücke zugänglich, für die wir uns die Zeit nehmen müssen: ein Gedicht, das uns ›berührt‹ und das wir so tief in uns aufnehmen, dass wir es reproduzieren können; ein Musikstück, das wir, nachdem wir es einmal gehört haben, lange mit uns herumtragen. Kurz, auf diesem Weg ins Innere bedürfen wir einer inneren Kultur, während wir auf dem Weg nach außen die äußerlich sichtbare Natur benötigen.

Eine unabdingbare Voraussetzung, um all diese Eindrücke zu ihrem Recht kommen zu lassen, ist die Ehrfurcht. Immer wieder, wenn wir die Bilanz aus unserem Alltagsleben ziehen, zeigt sich, dass die Ehrfurcht, der Respekt, der Schlüssel ist, durch welchen wir den Zugang zur Wirklichkeit erhalten. Wir erkennen das beispielsweise bei der Begegnung mit Menschen. In zunehmendem Maße sind Menschen für diese Grundhaltung des Respekts empfänglich. Wenn sie fehlt – selbst wenn wir noch gar kein Wort miteinander gewechselt haben –, ist eine wesenhafte Begegnung von vornherein ausgeschlossen. Diese Sensibilität für Respekt ist heute so stark entwickelt, dass sie nicht nur funktioniert, wenn sich zwei Menschen gegenübersitzen, sondern auch schon vor und nach der Begegnung. In der Seelsorge bemerke ich in zunehmendem Maße, wie wichtig es ist, Begegnungen mit einer Stimmung des Respekts vorzubereiten. Der andere spürt (bewusst oder unbewusst) ganz genau, mit welcher Gesinnung ich ihm entgegentrete.

In seinem Buch *Wie erlangt man Erkenntnisse der höheren Welten?* hat Rudolf Steiner diese verborgenen Gesetzmäßigkeiten in einem Satz zusammengefasst: »Begegne ich einem Menschen und tadle ich seine Schwächen, so raube ich mir höhere Erkenntniskraft; suche ich liebevoll mich in seine Vorzüge zu vertiefen, so sammle ich solche Kraft.«[3] Ich bin einmal einem Menschen begegnet, der sich sein Leben lang diesen Satz zueigen gemacht hatte und der dadurch zu ganz außergewöhnlichen Begegnungen in der Lage war, auch mit Menschen, die sich von allem und jedem abgewandt hatten; mit dieser Grundhaltung der Ehrfurcht legen wir das Fundament für jede echte Meditation: »Meditieren heißt ja: dasjenige, was man weiß, in Andacht verwandeln.«[4]

Dieselbe Ehrfurcht bildet einen Schlüssel, um zu echten Begegnungen mit Natur und Kultur zu gelangen. Auch auf diesem Gebiet entzieht sich uns die Wirklichkeit, wenn wir uns den Erscheinungen ohne Ehrfurcht nähern.

Mit diesen beiden Qualitäten, der der Ruhe und der der Ehrfurcht, haben wir die wichtigsten Ausgangspunkte für ein meditatives Leben beschrieben.

In jeder Meditation müssen wir wieder zu diesem Ausgangspunkt zurückkehren, um die rechte Empfänglichkeit für dasjenige, womit wir uns beschäftigen, herzustellen.

Karl König vergleicht in seinen Vorträgen über Meditation diese beiden Grundbedingungen mit den Wegen der Hirten und der Könige in den Evangelien: »Durch die Devotion werden wir zu Hirten, durch innere Ruhe jedoch steigen wir zum Range von Königen auf.«[5]

Nun gehört zur Vorbereitung auf die Meditation noch ein drittes Aufmerksamkeitsgebiet, das sich nicht in einer einzigen Übung schulen lässt, sondern das als Gegenstand fortwährender Pflege kultiviert werden muss. Das ist das Bestreben, die Wirklichkeit, mit welcher uns das Leben konfrontiert, jederzeit zu akzeptieren. Das klingt sehr einfach, doch es ist in der Lebenspraxis, vor allem dann, wenn die Dinge anders laufen, als wir es uns vorgestellt haben, keineswegs einfach. So berichtete mir einmal jemand, der mit sehr vielen Rückschlägen zu kämpfen hatte, Folgendes: »Wenn ich mich lange gegen die Wirklichkeit wehre, werde ich schließlich todmüde. Doch wenn ich die Wirklichkeit akzeptiere, bekomme ich meine Kräfte wieder.«

Auf diesem Gebiet können wir viel von den geistigen Strömungen des Ostens lernen, die diese Haltung radikal umsetzen. So ist in der *Bhagavadgita*, der hinduistischen Lehr- und Meditationsschrift, die Hingabe an die Wirklichkeit des Lebens, das Karma, als Ausgangspunkt für jegliche weitere Entwicklung dargestellt.

Doch auch im osteuropäischen Chassidismus finden wir viele beeindruckende Beispiele für diese bedingungslose Hingabe an das Leben selbst. Ein armer Chassid beklagte sich bei Rabbi Mosche von Kobryn über die Not, die ihn daran hinderte, zu beten und Studien zu treiben. »In dieser unserer Zeit«, sagte Rabbi Mosche, »ist die größte Frömmigkeit, über alles Lernen und Beten, wenn man die Welt annimmt, wie sie steht und geht.«[6]

Wirkliche Hingabe an den Lauf der Dinge, die wir nicht beeinflussen können, ist nur möglich, wenn wir etwas vom Sinn des Verlaufes der Ereignisse erleben – oder wenn wir zumindest erkennen, dass hinter der äußeren Welt eine geistige Welt sich verbirgt, die uns etwas sagen möchte, auch wenn wir ihre Sprache noch nicht verstehen können.

In einer radikalen Formulierung hat Rudolf Steiner die bedingungslose Hingabe an alles, was die Zukunft uns bringen wird, folgendermaßen beschrieben:

»Wir müssen mit der Wurzel aus der Seele ausrotten Furcht und Grauen vor dem, was aus der Zukunft herandringt an den Menschen. Wie bangt und ängstigt sich der Mensch heute vor allem, was in der Zukunft liegt, und besonders vor der Todesstunde. Gelassenheit in Bezug auf alle Gefühle und Empfindungen gegenüber der Zukunft muss sich der Mensch aneignen, mit absolutem Gleichmut entgegensehen allem, was da kommen mag, und nur denken, dass das, was auch kommen mag, durch die weisheitsvolle Weltenführung uns zukommt. Dies muss immer wieder und wieder vor die Seele gestellt werden. Das führt dazu, wie ein Geschenk zu empfangen die rückschauenden Kräfte für vergangene Erdenleben.«[7]

Am Schluss dieses Kapitels, in dem mehrmals der Name Rudolf Steiners erklungen ist, muss noch etwas über die Bedeutung dieser Persönlichkeit für unsere Meditation gesagt werden. Es ist gar nicht so einfach, diese Bedeutung ihrem wahren Wert nach einzuschätzen, umso mehr, als wir uns vor falschem Autoritätsglauben und Naivität schützen müssen. Es geht vielmehr darum, bei all den Anweisungen für das meditative Leben selbst die Gegenprobe zu machen und zu prüfen, was individuell für uns brauchbar ist. Dies wird sich im Fortgang unserer Betrachtungen noch erweisen – allein schon deswegen, weil es heutzutage praktisch unmöglich ist, alle Übungen gleichzeitig zu berücksichtigen. Einerseits gilt also für uns, dass es von höchster Wichtigkeit ist, in aller Freiheit und ohne jeden Dogmatismus nach einem eigenen Verhältnis zu diesen Inhalten zu streben. Andererseits gilt jedoch für den Menschen Rudolf Steiner, von dem diese Inhalte stammen, dass er sich existenziell mit jedem verbindet, der – wie oberflächlich auch immer – diese Inhalte zur Kenntnis nimmt. Das ist eine Beziehung, die Rudolf Steiner in einem persönlichen Gespräch mit einem seiner engsten Mitarbeiter, Walter Johannes Stein, einmal folgendermaßen umschrieb: »Wenn jemand auch nur eine Zeile meines Buches *Wie erlangt man Erkenntnisse der höheren Welten?* gelesen hat, so will ich mich verpflichtet fühlen, ihn durch alle folgenden Erdenleben zu begleiten.«

Es bringt eine eigenartige Empfindung mit sich, wenn man versucht sich vorzustellen, dass Rudolf Steiner sich persönlich mit unseren unzulänglichen Versuchen, ein meditatives Leben zu führen, verbindet. Aber unter bestimmten Umständen ist es doch eine sehr wirksame Hilfs-Vorstellung, die uns auf unserem schwierigen Weg weiterhelfen kann.

Einige praktische Vorschläge für Übungen, um zur Ruhe zu kommen:

— Suchen Sie sich Sinneseindrücke, die regenerierend wirken. Beispiel: Sonnenaufgang und Sonnenuntergang, Wolken, Blumen, Pflanzen und Bäume. Sie können diese Eindrücke verstärken und verarbeiten, wenn Sie versuchen, sie zu malen oder zu zeichnen.
— Suchen Sie sich eine ruhige Stelle in der Natur, mit der Sie allmählich vertraut werden, indem Sie dort durch alle Jahreszeiten hindurch beobachten und lauschen.
— Versuchen Sie, eine Zeit lang mit einem Gedicht, einem Lied, einem Spruch oder einem Psalm zu leben, der Sie anspricht.
— Bestimmte Gemälde haben eine beruhigende und harmonisierende Wirkung. Dies gilt beispielsweise für die Madonnenbildnisse des italienischen Malers Raffael. Die Wirkung ist optimal, wenn Sie ein Gemälde oder eine Reproduktion über längere Zeit betrachten – so lange, bis Sie das Bild in Ihrer eigenen Vorstellung herstellen können. Um diese Vorstellung exakt sein zu lassen, können Sie immer wieder zur Reproduktion zurückkehren, um die Farben, Formen und den Aufbau des Bildes daran zu verifizieren.
— Dosieren Sie bestimmte Sinneseindrücke, die zu viel Unruhe hervorrufen (beispielsweise Tageszeitung, Radio oder Fernsehen).
— Suchen Sie in Ihrer Erinnerung einen Tag in Ihrem Leben, den Sie in Ruhe, Harmonie und Freude verbracht haben. Visualisieren Sie Schritt für Schritt die Ereignisse dieses Tages, lassen Sie die Sinneseindrücke aufs Neue Revue passieren.
— Bereiten Sie die Nachtruhe sorgfältig vor. Kein Übermaß an Eindrücken kurz vor dem Schlafengehen, sondern beispielsweise während der letzten Stunde Folgendes: Verarbeiten der Eindrücke des vorangegangenen Tages (siehe hierzu das Kapitel »Die Rückschau«); ein Gedicht, ein Spruch oder ein Gebet, mit dem der Tag abgeschlossen wird.
— Nehmen Sie sich morgens nach dem Aufwachen Zeit, den Tag in Ruhe zu beginnen. Der Schlaf, in welchem die tiefste Form der

Ruhe gefunden werden kann, muss nicht nur vorbereitet, sondern auch nachbereitet werden. Es war früher auf dem Land eine gute Gewohnheit, nach dem Aufwachen nicht sofort aus dem Fenster zu schauen, sondern noch eine Zeit lang im (Halb-)Dunkel zu verweilen, bei den Stimmungen und Eindrücken, die man aus dem Schlaf mitgebracht hat.

3 Meditation und die tägliche Arbeit

> Es ist wohl gerade in unserer aufgeregten Epoche mehr denn je nötig, den Blick aus den Tagesaffären emporzuheben und ihn von der Tageszeitung weg auf jene ewige Zeitung zu richten, deren Buchstaben die Sterne sind, deren Inhalt die Liebe und deren Verfasser Gott ist.
>
> *Christian Morgenstern, 1893, aus: Weltbild: Anstieg*[8]

Sobald Sie zu meditieren beginnen, beginnen Sie, in zwei Welten zu leben, die zunächst wenig miteinander zu tun zu haben scheinen. Im vorigen Kapitel wurde bereits kurz erwähnt, wie schwierig es ist, die Alltagsdinge hinter sich zu lassen und im Innern still zu werden. Dies gelingt selten von einem Augenblick zum anderen. Meistens bedürfen wir einer Art ›Schleuse‹, um aus dem bewegten Wasser der täglichen Verpflichtungen in das stillere Fahrwasser des inneren Lebens zu gelangen. Während eines solchen Übergangs hilft es zum Beispiel, einen Moment lang scheinbar nichts zu tun, die Wolken zu betrachten oder aber die Augen zu schließen und die soeben aufgenommenen Eindrücke sich setzen zu lassen. So wie es praktisch unmöglich ist, aus der Hektik des Lebens direkt in die Meditation einzusteigen, so wirkt es auch abträglich, wenn wir mit der Einstellung eines Meditierenden unsere tägliche Arbeit zu tun versuchen. Auch wenn wir das Leben von Menschen betrachten, die in diesen beiden Welten zu Hause waren, fällt dabei immer die strenge Trennung zwischen Innen- und Außenwelt auf – wenigstens bei denen, die im Westen beheimatet waren. Dag Hammarskjöld, der frühere Generalsekretär der Vereinten Nationen in den Jahren 1953 bis 1961, ist ein solcher Mensch, der in gewisser Hinsicht zwei Leben führte.

Während er in seinem Berufsleben unter großem Druck stand und ständig weitreichende Entscheidungen treffen musste, führte er daneben ein kontemplatives Leben in aller Stille, bei welchem er von den Schriften der großen Mystiker ausging. Nur ein Mal in seinem Berufsleben, während einer Ansprache im kanadischen Radio im Jahre 1954, deutete er ein wenig von seiner Innenwelt an:

»Die Erklärung, wie ein Mensch ein Leben aktiven gesellschaftlichen Dienens in vollkommener Übereinstimmung mit sich selbst als Mitglied der Gemeinschaft des Geistes leben soll, habe ich in den Schriften der großen mittelalterlichen Mystiker gefunden. Für sie war ›Selbsthingabe‹ der Weg zur Selbstverwirklichung. Sie fanden in der ›Einsamkeit des Geistes‹ und in der Innerlichkeit die Kraft, ja zu sagen, wo immer sie sich den Forderungen ihrer bedürftigen Mitmenschen gegenübergestellt sahen. Liebe – dieses oft missbrauchte und falsch verstandene Wort – bedeutete für sie nichts als das Überfließen der Kraft, von der sie sich erfüllt fühlten, wenn sie in wahrhaftem Selbstvergessen lebten. Und diese Liebe fand ihren natürlichen Ausdruck in einer bedenkenlosen Erfüllung ihrer Pflicht und in einer uneingeschränkten Hinnahme alles dessen, was das Leben ihnen persönlich an Mühen, Leiden – oder an Beglückung – brachte. Ich weiß, dass ihre Entdeckungen der Gesetze unseres inneren Lebens und unseres Handelns ihre Bedeutung nicht verloren haben.«

Ich vermute, dass es nur wenige Menschen gab, die die Reichweite und die praktische Anwendbarkeit dieser Worte begriffen, als sie ausgesprochen wurden. Erst wenn man Hammarskjölds Tagebuch, das später unter dem Titel *Zeichen am Weg* herausgegeben wurde, danebenhält, bemerkt man, dass hier ein Mensch mit vollem Einsatz all seiner Kräfte und Fähigkeiten zwei Leben parallel geführt hat, die miteinander in einer fruchtbaren Wechselwirkung standen und dennoch völlig voneinander getrennt waren: ein intensives inneres Leben, über welches nicht gesprochen wurde, um es gegen Unverständnis zu schützen, und daneben ein hektisches Berufsleben auf einsamem Posten. In dieser Doppelung finden wir in einer modernen Form die alte Maxime »ora et labora – bete und arbeite« wieder.

Ein anderer moderner Mystiker hat dieses alte Prinzip neu formuliert und präzisiert. Auch Herbert Hahn (1890–1970) konnte ein intensives meditatives Leben mit einem äußerst aktiven Berufsleben verbinden – als Lehrer der ersten Freien Waldorfschule, als Schriftsteller und Vortragskünstler in vielen europäischen Ländern. Er spricht vom Pendelschlag zwischen der inneren Stille und der äußeren Aktivität und fasst dies folgendermaßen zusammen:

> Wenn ich wahrhaft still bin,
> wirkt der Gott in mir,
> wenn ich wahrhaft wirke,
> ruhe ich in Ihm.[9]

In diesen Sätzen ist das Geheimnis der echten Regeneration, der Erneuerung der Kräfte, verborgen. Hahn meinte mit »echter Stille«: die Stille, die entsteht, wenn man sich aus dem täglichen Treiben zur »ewigen Zeitung« erhebt, von der das Motto, das wir diesem Kapitel voranstellten, spricht. Die französische Sprache kennt für diese Art der Ruhe die schöne und sprechende Vokabel »se reposer«. Man stellt sich wieder her, man stellt sich aufs Neue auf die Welt ein, aus welcher Gott wirkt. Das geschieht in der echten Meditation.

Auf der anderen Seite der Pendelbewegung steht die echte Arbeit. Nicht die graue Routine, sondern die Arbeit, bei welcher alle Aufmerksamkeit, Konzentration und Energie auf das Eine ausgerichtet ist. In dieser Hinsicht lässt sich viel von den unterschiedlichen Zen-Künsten lernen, die sich alle auf das Jetzt beziehen. Wenn im Zen-Buddhismus das Teemachen, Bogenschießen und sogar die Motorradwartung zur Kunst erhoben werden, ist dies bis zu einem gewissen Grade auch mit unserer täglichen Arbeit möglich. Ich bin mir dessen bewusst, dass dies in einer Zeit der Technik und Automatisierung nicht immer möglich ist, doch man kann diese Kunst durchaus üben, wenn man alltägliche Tätigkeiten durchführen muss, wie zum Beispiel Abwaschen, Staubsaugen, Fahrrad- oder Autofahren. In den Momenten, in denen wir, so wie ein Kind im Spiel aufgeht, in unsere Tätigkeit versunken sind, ruhen wir im Göttlichen – und wir können uns während und beim Erleben eines Arbeitsvorganges regenerieren. Dass dies so selten geschieht, hängt mit all dem zusammen, was uns von diesem Einen ablenkt – mit dem Zeitdruck, dem Gefühl der Sinnlosigkeit, das wir häufig haben, wenn wir etwas tun *müssen*. Doch wir kennen alle auch die Arbeit, die wir mit Freude ausführen, weil wir sie tun *wollen*, weil wir ihren Sinn einsehen.

Und gerade aus dem Pendelschlag zwischen diesen beiden, der Meditation und der täglichen Arbeit, können wir Kraft für beide schöpfen. Wenn meine Berufspflichten mich zu beherrschen drohen, muss ich intensiv an der anderen Seite arbeiten, um ein Gegengewicht zu allem zu schaffen, was mich nach außen zieht. Wenn ich in der Meditation ganz und gar zur Ruhe gekommen bin, habe ich die Hände frei, um wieder ein Stück Arbeit zu verrichten. Die größte und schwierigste Kunst bei beidem besteht darin, immer im rechten Moment zu wissen (und das Leben entsprechend einzurichten), wann es Zeit ist für *Arbeit* und wann für *Stille*. Die größten Hindernisse dabei sind meistens nicht die äußeren Umstände. So hat sich jemand, der in einem hektischen Beruf in einem Krankenhaus stille Momente benötigte, ausbedungen, sich immer zwischen zwei Patientenvisiten zwei oder drei Ruheminuten nehmen zu dürfen. Das größte Hindernis – das sind wir selbst. In dem Kapitel über die Willensschulung werden wir hierauf zurückkommen.

In manchen Fällen kann sich die Waage auch zur anderen Seite neigen. Dann wollen wir zu viel auf einmal. Ich habe Menschen gekannt, die unter dem Ballast der vielen Sprüche und Übungen, die sie sich vorgenommen hatten, schwer gebückt gingen und alle Freude an der meditativen Arbeit verloren hatten. Es gibt unterschiedliche Möglichkeiten, mit diesem Hindernis umzugehen. Die einfachste ist natürlich die Kunst der Selbstbeschränkung.

Es bringt nichts, eine ganze Reihe meditativer Sprüche hintereinander Revue passieren zu lassen. Im Gegenteil, dies kann in einem bestimmten Augenblick sogar die umgekehrte Wirkung haben. In der Beschränkung zeigt sich der Meister; diese bekannte Weisheit ist gerade hier besonders angebracht.

Rudolf Steiner nannte Herbert Hahn gegenüber noch eine weitere Möglichkeit, wie man mit dieser Frage umgehen könne. Wenn ein Mensch Meditationen und Gebete für Lebende wie auch Verstorbene pflegt, können diese auch so über eine Woche verteilt werden, dass nach sieben Tagen die Meditation für einen bestimmten Menschen wieder zurückkehrt – sodass nicht täglich, sondern in einem Wochenrhythmus eine bestimmte Meditation bzw. ein bestimmtes Gebet an die Reihe kommt. Insbesondere der Rhythmus der sieben Tage eignet sich für diese Arbeitsweise, so Rudolf Steiner.[10]

4 Die Rolle der Sinne

Bei den meisten östlichen Meditationswegen ist die äußere Wahrnehmung kein Zugang, sondern vielmehr ein Hindernis, um zur wahren Wirklichkeit zu gelangen. Die Sinne binden uns an die ›Maya‹, den äußeren Schein, wodurch sich uns die ›Unwirklichkeit‹ als Wirklichkeit präsentiert.

So führen die östlichen Wege normalerweise konsequent in das eigene Innere und nicht in die äußere Welt der ›Sinnestäuschung‹. Christus weist uns noch einen weiteren Weg. Er spricht über das Auge als den »Lichtquell des Körpers« (Matthäus 6,22). Nicht die äußere Welt ist Schein, sondern das Auge – wenn es durch Begehren getrübt ist – verfälscht und verfinstert die Wirklichkeit. »Wenn dein Auge unbefangen wahrnimmt, ist auch dein ganzer Körper erhellt. Ist jedoch dein Auge von Begierden getrübt, dann wird auch dein ganzer Körper verfinstert sein.«

Für das Wort »unbefangen« benutzt die griechische Sprache das Wort *aplous*, was wörtlich bedeutet: ohne Falten, ein-fältig. Christus weist uns hier einen Weg, der die Sinne nicht ausschaltet, im Gegenteil. Die Sinne betrügen uns nicht, wenn wir sie von Egoismus und Begierden reinigen. Der Ausgangspunkt für diese Wahrnehmungsart ist das Staunen, das sich über Sympathie und Antipathie erhebt. Die Alchimisten und Rosenkreuzer des Mittelalters, die auf diesem Weg eine Verbindung mit der geistigen Welt suchten, bezeichneten ihre Methode darum auch als »nach der Jungfrauen Art«: eine Wahrnehmungsweise, die jungfräulich, rein geworden ist. Über den Weg der reinen Wahrnehmung, verbunden mit einem intensiven Gebetsleben, waren sie in der Lage, schließlich durch die vier klassischen Elemente hindurch die so genannte *Quinta essentia*, das fünfte, geistige Element zu erkennen, das unserer physischen Welt zugrunde liegt. Diese Quintessenz (unser heutiges Wort stammt aus der Sprache der Alchimisten) wurde auch als die »himmlische Jungfrau« bezeichnet.

Auch wenn wir heute andere Begriffe verwenden, so ist doch dieser Wahrnehmungsweg in unserer Zeit immer noch aktuell – und ein hervorragendes Mittel, aus der Tätigkeit der Wahrnehmung in die Stimmung der Meditation zu gelangen. Für mich persönlich war dies die erste Erfahrung mit einem Gebiet, das an die Meditation angrenzt – als ich als Einundzwanzigjähriger einige Tage lang allein auf einer Insel zeltete und jeden Tag eine bestimmte Wahrnehmung kultivierte. Am nächsten Tag entstand aus einer solchen konzentrierten Wahrnehmung jeweils eine kurze Geschichte, die später ihren Weg in eine Zeitschrift fand. Obwohl diese Geschichten keinerlei literarischen Wert haben, möchte ich hier eine als Beispiel anführen, um erfahren zu lassen, wie man aus der Wahrnehmung heraus zu einer gewissen Verarbeitung des Wahrgenommenen gelangen kann.

Wasser

Heute sprach ich mit dem Wasser. Das Wasser sprach mit mir, mit den tausend Stimmen, die es hat. Ich saß am Rand des Sees, der die Insel umgibt, wo das Schilf gesungen hatte. Ich kehrte dem Land den Rücken zu und lauschte dem Wasser.
»Warum bist du hierher gekommen?«, sagten die Wellen.
»Weil ich das Wasser hören will«, antwortete ich.
»Mich kannst du überall hören. Tief in der Erde bin ich. In den Pflanzen und Bäumen bin ich. Hoch über dir sind die Wolken. Über die Erde ströme ich. Ich bin, wo das Leben ist.«
»Aber ich will dich auch sehen. Ich will dich fühlen. Darum bin ich hier.«
»Du kannst mich anschauen und mich hören und fühlen – aber

niemals wirst du wissen, wer ich bin. Ich bin ein Geheimnis, wie das ganze Leben ein Geheimnis für die Menschen ist. Du siehst meine Oberfläche, sie ist wie ein Spiegel. Du siehst dich selbst in mir. Mich siehst du nicht. Ich bin hier in dem Spiegel und in meiner Tiefe. Hier bin ich wie eine Maske, dort bin ich wie ein Schleier. Immer bin ich derselbe – und stets bin ich anders. Darum können die Menschen mich nicht verstehen. Im einen Moment schwimmen sie in mir, mit ihren ungeschickten Bewegungen. Im nächsten Moment bin ich in der Luft, ich regne nieder und gebe der Erde zu trinken. Wenn die Erde mich aufsaugen will, ruft die Sonne mich schon zurück.«

»Aber findest du denn niemals Ruhe? Im Winter gefrierst du doch?«

»Im Winter ist mein Spiegel hart wie Stein. Da schlafe ich. Darunter lebe ich und warte, bis der Spiegel aufbricht.«

Ich wollte noch viel mehr fragen, denn das Wasser wurde nicht klarer durch das, was es gesagt hatte. Ich fragte: »Warum erzählst du mir nicht mehr? Bist du immer ein Geheimnis für uns?«

»Es ist gut, dass ich ein Geheimnis bin«, antwortete das Wasser. »Ein Geheimnis kannst du lieben, du kannst dein ganzes Leben lang danach suchen. Die Dinge, die für die Menschen kein Geheimnis sind, leben nicht in ihren Herzen. Ein Leben ist zu kurz, um unser Geheimnis zu finden. Dennoch musst du mich suchen im Leben. Wenn du dein ganzes Leben lang gesucht hast, ist ein Geheimnis größer, als es jemals gewesen ist. Dann musst du es mit in den Tod hineintragen. Du trägst es als einen Teil deiner selbst, so wie wir unser Geheimnis mitnehmen, wenn die Sonne uns ruft. Wir kommen zurück auf die Erde und bringen unser Geheimnis wieder mit.«

Es war zu groß und zugleich zu einfach, um es zu verstehen. Es war, als sprächen das Leben und der Tod gleichzeitig.

Noch immer übe ich von Zeit zu Zeit diese Wahrnehmungsmethode. Insbesondere die Ferien eignen sich dafür, auf diese Weise aufs Neue einen Zugang zu den Elementen zu finden, dem wir uns in unserem Alltagsleben entfremdet haben. Wenn man stundenlang an einem strömenden Bach gesessen hat, wenn man einen Versuch gemacht hat, sich mit dem Spiel der Elemente zu vereinen, so bemerkt man, dass alles in einem mitzuströmen beginnt, dass alles locker und leicht wird. Dann beginnt man jedoch auch zu verstehen, warum bei den Einweihungen in alten Zeiten der Weg durch die Elemente mit großen Gefahren verbunden war. Denn wenn man sich ohne die Kraft des wachen Ich in diese Elemente begibt, verliert man sich selbst in den Kräften von Wasser, Erde, Luft oder Feuer. Auch im freundlich plätschernden Wasser eines Baches kann man dieser verzaubernden Macht begegnen, die einen mitziehen kann. Rudolf Steiner beschreibt im bereits genannten Buch *Wie erlangt man Erkenntnisse der höheren Welten?*, wie man sich dennoch behaupten kann, ohne vom Wahrnehmungsobjekt mitgezogen zu werden:

»Er [der Geheimschüler] soll vielmehr in solchen Augenblicken in aller Stille nachklingen lassen, was er erlebt hat, was ihm die äußere Welt gesagt hat. Jede Blume, jedes Tier, jede Handlung wird ihm in solchen stillen Augenblicken ungeahnte Geheimnisse enthüllen. Und er wird vorbereitet dadurch, neue Eindrücke der Außenwelt mit ganz anderen Augen zu sehen als vorher. Wer nur Eindruck nach Eindruck *genießen* will, stumpft sein Erkenntnisvermögen ab. Wer, nach dem Genusse, sich von dem Genusse etwas *offenbaren* lässt, der pflegt und erzieht sein Erkenntnisvermögen. Er muss sich nur daran gewöhnen, nicht etwa nur den Genuss nachklingen zu lassen, sondern, mit *Verzicht* auf weiteren Genuss, das Genossene durch innere Tätigkeit zu *verarbeiten*.«[11]

Im Kapitel über die innere Ruhe habe ich bereits ein Beispiel für eine Wahrnehmung angeführt, die zu einer Vorstellung verarbeitet wird, welche Ruhe schafft. Eine sehr wirksame Wahrnehmung, die bis zur Meditation verdichtet werden kann, ist im Bildnis der *Sixtinischen Madonna* von Raffael gegeben. Wenn man das Glück hat, das mehr als lebensgroße Gemälde in natura bewundern zu können, bemerkt man sofort, dass eine große Kraft von ihm ausgeht. Die Bevölkerung Dresdens scheint dies auch bemerkt zu haben, denn es kommt regelmäßig vor, dass Mütter mit ihrer Einkaufstasche unter dem Arm sich eine Weile vor dem Gemälde niederlassen, als wollten sie sich an einer Oase mitten in der Wüste der Stadt laben.

Wenn man sich in die Gebärden und die Haltung der Madonna mit dem Kind versetzt, kann man buchstäblich und körperlich die davon ausgehende Entspannung spüren. Und wenn man sich in die eigenartige bewegliche Umhüllung des Mantels vertieft, ist es, als würde man selbst davon umhüllt. Man kann versuchen, sich dieses Gemälde (oder eine Reproduktion davon) so stark zueigen zu machen, dass man von der exakten Wahrnehmung zur Vorstellung übergeht – und, um die Gegenprobe zu machen: zurück von der Vorstellung zur Wahrnehmung. Schließlich kann man das Bild in sich selbst aufrufen und etwas von der unerschöpflichen Kraft und Hülle, die von ihm ausgeht, erfahren, vor allem in einem Zustand drohender Erschöpfung oder der Schwäche.

Rudolf Steiner gab als Hilfe gegen störende Einflüsse eine Meditation, die direkt an diese Vorstellung anknüpft:

Die äußere Hülle meiner Aura verdichte sich,
sie umgebe mich mit einem undurchdringlichen Gefäß
gegenüber allen unreinen, unlauteren Gedanken
und Empfindungen:
Sie öffne sich nur der göttlichen Weisheit –

Hierbei stelle man sich – so Rudolf Steiner – eine blau-violette Hülle vor, in deren Schutz man sicher geborgen ist und die einen von allen Seiten umgibt.[12]

In einer anderen Situation fragte jemand Rudolf Steiner, wie man die eigene Seele gegen negative Einflüsse schützen könne. Seine Antwort lautete: »Am besten dadurch, dass man selbst rein und wahr ist. Als ein besonderes Schutzmittel kann man sich aber auch durch energische Willenskonzentration eine astrale Hülle, einen blauen Einebel bilden. Man sagt sich fest und eindringlich: ›Alle meine guten Eigenschaften sollen mich umgeben wie ein Panzer!‹«[13]

In den drei genannten Beispielen haben wir einen Weg zurückgelegt von der Wahrnehmung zur Vorstellung und schließlich zu einem meditativen Inhalt oder Spruch. An den Beispielen wird vielleicht deutlich, dass bestimmte Wahrnehmungen (wie die des blauvioletten Mantels) nahtlos an bestimmte Imaginationen anknüpfen: In diesem Fall das geistige Bild, welches erscheint, wenn sich die Aura verdichtet und verstärkt. Alles, was wir als natürliche Sinneseindrücke empfangen, ist auch auf einer höheren Ebene vorhanden: als geistiges Bild (Imagination), als geistiger Klang (Inspiration) oder als geistige Berührung (Intuition).

5 Konzentration, Kontemplation und Meditation

> Wer schweigen kann,
> kann meditieren.
> *Friedrich Benesch*[14]

Wir leben in einer Zeit, in welcher Worte, die für etwas Besonderes stehen, häufig für die allerbanalsten Dinge benutzt werden. So haben bestimmte Betriebe heutzutage eine ›Philosophie‹, mit welcher sie sich selbst auf dem Markt anpreisen. Ich glaube nicht, dass dieser Terminus noch irgendetwas mit der ursprünglichen Bedeutung des Wortes Philosophie, der *Liebe zur Weisheit,* zu tun hat. Ebenso wird auch der Begriff der Meditation so häufig gebraucht und missbraucht, dass es notwendig ist, ihn so exakt wie möglich zu umschreiben. Dabei stelle ich ihn neben die Begriffe Konzentration und Kontemplation – auch, weil diese drei Bezeichnungen häufig vermischt werden.

Das Wort *Kon-zentration* bedeutet buchstäblich: sich selbst zu einem Punkt, einem Zentrum zusammenziehen. Diese Konzentration ist eine notwendige Vorbedingung für ein meditatives Leben und ein Gebetsleben. In gewisser Hinsicht sind manche Tiere Meister der Konzentration, von denen wir viel lernen können. Martin Luther beneidete einmal den Hund, der an seinem Tisch stand und um ein Stück Fleisch bettelte: »Ich wollt, ich könnte so beten wie dieser Hund: Er denkt an nichts anderes als an das Eine!« Die allerelementarste Konzentrationsübung gibt Rudolf Steiner als erste der sechs so genannten »Nebenübungen«. Hierbei geht es darum, sich einige Minuten lang in einer logischen Aufeinanderfolge von Gedanken mit einer Sache zu beschäftigen. Steiner rät, diese Konzentrationsübung mit einfachen Gegenständen wie zum Beispiel einer Sicherheitsnadel oder einem Bleistift auszuführen. Schritt für Schritt versuchen wir in Gedanken zu beschreiben, aus welchen Substanzen der Gegenstand hergestellt ist, wie er produziert wird, welche Form und Farbe er hat, wie er gebraucht wird und so weiter. Im Laufe der Zeit beginnen wir zu bemerken, dass wir unsere Gedanken immer besser im Zaum halten können und dass wir uns auch in anderen Situationen besser zu konzentrieren vermögen. Friedrich Rittelmeyer, der nach jahrelanger Übungspraxis sein Buch *Meditation. Zwölf Briefe über Selbsterziehung* schrieb, konnte nach einigen Jahren konstatieren, dass er dank dieser Übung nur mehr die Hälfte der Zeit benötigte, die er früher zur Vorbereitung einer Ansprache oder eines Vortrags aufwenden musste. Hier handelt es sich zwar noch nicht um die eigentliche Meditation, aber immerhin um einen ersten Schritt, die Gedanken zu bündeln.

Beim Begriff *Kontemplation* kommen wir bereits etwas näher an das eigentliche Gebiet des Meditativen heran – obwohl es keineswegs dasselbe ist. »Kontemplation« hat die Bedeutung von Betrachtung, Bespiegelung, Erwägung. Bestimmte Mönchsorden führen bis zum heutigen Tag ein kontemplatives Leben. Rudolf Steiner beschreibt dasjenige, was in der Kontemplation geschieht, so: man müsse »für diese stille Gedankentätigkeit ein *lebendiges Gefühl* entwickeln«.[15] Es handelt sich hier nicht nur – wie bei der Konzentration – um das Denken, sondern auch um ein Über-Denken und das Verbinden der Gedanken mit dem Herzen. In einigen Orden wird dies in der so genannten *lectio divina*, der geistlichen Lesung, geübt. Die ersten zwei Schritte dieser Lesung zeigen eine gewisse Übereinstimmung mit Konzentration und Kontemplation.

Die Lectio divina ist zunächst einmal eine sehr langsame und andachtsvolle Lesung, meistens halblaut, sonst mit sich bewegenden Lippen, wobei sich der Leser völlig auf die Worte konzentriert. Der zweite Schritt ist die ruhige Wiederholung eines Wortes oder eines Satzes – auch *ruminatio* (wörtlich: wiederkäuen) genannt. Diese Phase kann mit dem englischen Ausdruck »to learn by heart« verglichen werden. In einer dritten und vierten Phase, die hier außer Betracht bleiben müssen, wird das Gelesene zu etwas vertieft, was man bis zu einem gewissen Grade mit der Meditation vergleichen kann.

Das lateinische Wort *meditationes* bedeutet buchstäblich: Reden, die im stillen Kämmerlein gepflegt werden. Das Wort *meditatio* kann übersetzt werden mit: nachdenken, besinnen, Übung oder Vorstudien. In der Geschichte des meditativen Lebens hat dieses Wort jedoch eine weitere und tiefere Bedeutung angenommen. Während Konzentration das zielgerichtete Fokussieren der Aufmerksamkeit ist, bedeutet Meditation: Hingabe aller Seelenkräfte – mit der Möglichkeit, auf diese Weise bis zum Wesen der Dinge vorzudringen.

Herbert Hahn schildert eine sehr »farbige« Definition der Meditation, die in einem Gespräch mit Rudolf Steiner zur Sprache kam:

»Rudolf Steiner empfahl, dass wir den Meditationsinhalten die volle Lebendigkeit und Wärme unserer Seele zuwenden. Man könnte sagen, dass da zunächst die Empfindungsseite mit ihren edelsten Qualitäten wirksam werden sollte. Handelt es sich um Bilder, die wir uns aufbauen, so sollten wir uns etwas von der Freudigkeit erwerben, mit der der Maler in die Farbe eintaucht. Wir sollten lernen, in satter, voller Farbigkeit zu ›malen‹. Wir sollen die Bilder konkret bis in die Einzelheiten ausgestalten. Es darf niemanden stören, dass manches dann noch erdennah aussieht. Rudolf Steiner sagte im Einzelgespräch, dass die geistige Welt sich jedes Mal für solche eine Tätigkeit interessiere. Sie ›malt‹ von der anderen Seite mit und hilft dazu, dass unsere Bilder in das Wahre, in das Objektive hineinwachsen. Handelt es sich um einzelne Worte, Sätze oder mantrische, d. h. aus der geistigen Wirklichkeit abgelesene Sprüche, so sollen wir uns ähnlich verhalten. Nicht darum geht es, dass wir über deren Inhalte verstandesgemäß grübeln, dass wir ›reflektieren‹. Wir sollen die Worte, ja die Laute musikalisch in uns lebendig machen. Wenn wir sie nur zum Erklingen bringen, wenn wir ihre Wärme empfinden, ihr Leben atmen, ihren inneren Wert schmecken: dann beginnen sie an uns zu arbeiten, dann führen sie geistige Zwiegespräche mit uns.«[16]

Kurzum: Sehr vieles im meditativen Leben ist eng verwandt mit dem Künstlertum. Meditation im reinen Wortsinn ist eine »königliche Kunst« – eine Kunst, durch die wir unser eigener Herr und Meister werden können!

Wir können noch einen Schritt weiter gehen in der Begriffsbildung im Anschluss an das Wort Meditation. In dem lateinischen Wort ist der Begriff »medio« (Mitte) enthalten. Diese Mitte befindet sich bei der echten Meditation zwischen zwei Polen: dem des Denkens und dem des Wahrnehmens. In gewisser Hinsicht ist Meditation ein »dritter Weg«, ein Mittelweg zwischen Denken und Wahrnehmen. Obwohl das Denken und das Wahrnehmen als Grundsubstanz für die Meditation unentbehrlich sind, bewegt sich die Meditation selbst in einem anderen Bereich. Hier kommt uns ein Wort aus dem Neuen Testament zu Hilfe – ein Wort, das beschreibt, *wo* sich die echte Meditation abspielt. Von alters her haben die Mystiker ihr Ideal in der Person der Maria gefunden, die wie keine andere sich das göttliche Wort im wahrsten Sinne »zu Herzen genommen« hat. Die mittelalterlichen Mystiker orientierten sich am Vorbild der Maria, die »alle Worte im Besinnen ihres Herzens bewahrte« (Lukas, 2,20). Die Worte, die zu ihr gesprochen worden waren, fanden ihr Ziel. Die Saat des göttlichen Wortes fiel bei ihr in gute Erde. Auch hier ist der ursprüngliche griechische Text vielsagend – und er sagt mehr als die deutsche Übertragung. Maria »bewahrte«: *sounetherei*. Das griechische Wort *therei* bedeutet so viel wie »versorgen, pflegen«. Es geht hier also nicht um ein ›Konservieren‹, sondern um das Hegen und Am-Leben-Halten von Worten. Wo die deutsche Übersetzung von dem »Besinnen des Herzens« spricht, sagt der griechische Text noch etwas anderes: *sumballoesa*, abgeleitet von dem Verb *ballo*, werfen. Die Worte, die Maria empfing, wurden ständig hin und her bewegt, im Herzen gewiegt. Da fanden sie den ›Mutterboden‹, in dem sie Wurzeln schlagen, aufsprießen und Frucht tragen konnten.

6   Der Weg des größten Widerstands?

Festina lente.
Eile mit Weile.
Rosenkreuzer-Sprichwort

Wenn der meditative Weg, wie ihn die Anthroposophie beschreibt, besprochen wird, wird man häufig die Klage hören: Warum ist alles so schwierig und warum geht es so langsam? Geht es nicht etwas schneller und bequemer?

Die Antwort auf die letzte Frage ist ganz simpel: Das ist möglich. Es wimmelt heutzutage von Meditationstechniken, die in kurzer Zeit große Resultate zustande bringen, die die »Autobahn zum Glück« versprechen. Warum all die Mühe, wenn es tatsächlich auch bequemer geht? Warum all die »goldenen Regeln«, die Rudolf Steiner nicht müde wird zu betonen? »Wenn du *einen* Schritt vorwärts zu machen versuchst in der Erkenntnis geheimer Wahrheiten, so mache zugleich *drei* vorwärts in der Vervollkommung deines Charakters zum Guten.«[17]

Jede Meditation wirkt langsam und allmählich, so wie der stete Tropfen, der den Stein aushöhlt. Bestimmte Gebiete unseres Charakters sind so ›versteinert‹ (in Form von festgefahrenen Mustern, unbewusster Eitelkeit, verborgener Wut), dass wir sie unmöglich von einem Tag auf den anderen umwandeln können. Wir wirken durch fortwährende und rhythmische Wiederholung der Übungen so darauf ein, dass sich hier allmählich etwas ändert. Durch diese ununterbrochene Charakterbildung wird das Ich so kräftig, dass es in der Lage ist, sich beim Betreten der geistigen Welt aufrechtzuerhalten. Jeder, der einmal Bilder (Imaginationen) oder Worte (Inspirationen) aus der geistigen Welt vernommen hat, weiß, wie überwältigend diese Eindrücke sein können. Unsere Sinneseindrücke sind im Vergleich dazu quasi bedeutungslos. Und obwohl eine Imagination nur die allererste, unvollständige Andeutung einer geistigen Realität darstellt, haben wir bereits bei den ersten Eindrücken das Gefühl: Dies ist erst die *echte* Wirklichkeit. Sehr schnell können sich bei diesen Bildern verräterische Eindrücke ergeben, die uns in eine Welt der Illusionen führen wollen. So ist zum Beispiel über den heiligen Martin von Tours bekannt, dass sich ihm in einer atemberaubend beeindruckenden Erscheinung die Widersachermacht in der Gestalt des Christus zeigte. In der *Legenda Aurea* ist Folgendes über ihn zu lesen:

»Einst erschien ihm der Teufel in eines Königs Gestalt, mit Purpur und Krone und goldenen Stiefeln bekleidet, heiteren Mundes und freundlichen Angesichts. Nachdem sie beide lange geschwiegen hatten, sprach der Teufel: Martin, erkenne, den du anbetest: Ich bin Christus, der auf Erden will niedersteigen; aber zuvor wollte ich mich dir offenbaren.‹ Und da Martinus noch immer schwieg und sich verwunderte, sprach der Teufel: ›Martin, warum zweifelst du und glaubst nicht, da du mich siehst? Ich bin Christus.‹ Da gab Sankt Martin der heilige Geist ein, dass er sprach: ›Mein Herr Jesus Christus hat nicht gesagt, dass er in Purpur kommen wollte und mit gleißender Krone; darum glaube ich nicht, dass er es sei, so ich ihn nicht in der Gestalt sehe, in der er litt, und die Wundmale der Kreuzigung an ihm erkenne.‹ Bei diesen Worten verschwand der Teufel und ließ die ganze Zelle voll Stankes.«[18]

Die Widersachermächte scheuen kein Mittel, uns ein X für ein U vorzumachen und zu versuchen, uns in ihren Einflussbereich zu ziehen. Wenn die großen Heiligen die schwersten Prüfungen durchstehen mussten, um sich dauerhaft mit der geistigen Welt zu verbinden – sollte uns dann jegliche Mühe erspart bleiben?

Die Tatsache, dass es auch einfache Wege gibt, die in die geistige

Welt führen, zeigt, dass es nicht nur einen ›Königsweg‹ gibt, sondern dass auch Hintertüren existieren, durch welche wir nicht mit eigener Kraft in diese Welt gelangen und dadurch zu einer leichten Beute der Widersacher werden.

Rudolf Steiner hat aus den genannten Gründen einmal sehr drastisch formuliert, der Schulungsweg sei entweder schwierig – oder er sei überhaupt kein Schulungsweg. Auf diesem Weg gibt es notwendigerweise Phasen, in denen es so aussieht, als kämen wir nicht mehr weiter, und in denen wir uns zu fragen beginnen, ob wir noch auf dem guten Weg sind, weil sich scheinbar nichts weiterentwickelt. Hier vermittelt ein persönliches Gespräch, das Herbert Hahn einmal mit Rudolf Steiner führte, einen wichtigen neuen Gesichtspunkt.

»Da hatte ich ihm beschrieben, wie ich mich in einem Zustand der Ausgehöhltheit befinde, wie dort, wo ich früher Farben gesehen hatte, mir jetzt alles grau in grau erscheine. Da nickte er mir sehr lieb und verstehend zu: ›Ja, ja, – sagte er –, da durchwandert die Seele öde Strecken!‹ Nach einigem Schweigen fragte er mich dann: ›Aber, nicht wahr, Sie können sich doch daran *erinnern,* wie Sie früher empfunden haben?‹ Ich sagte, dass ich dies könne. ›Nun wohl‹, nahm er wieder auf, ›pflegen Sie bewusst diese *Erinnerungen!* Lassen Sie die Erinnerung an das, was Sie einmal erwärmt hat, was Sie erfüllt hat, in Ihren Gedanken wieder erstehen. Diese Erinnerung wird erst nur stellvertretend da sein für Ihre früheren Erlebnisse. Aber sie ist selber eine Realität, eine Kraft. Und sie wird allmählich höhere und reichere Empfindungen in Ihnen wecken, als diejenigen waren, die Sie jetzt glauben, verloren zu haben.‹«[19]

Kurzum: Nichts von dem, was wir auf diesem Gebiet erobern, geht verloren. Es kann sich lediglich für längere Zeit unserer Wahrnehmung entziehen, es kann uns schwer auf die Probe stellen – aber diese Probe, diese Gegenprobe ist notwendig, um in der Entbehrung neue, höhere Fähigkeiten zur Entwicklung zu bringen. Die Zeiträume, in denen sich scheinbar gar nichts weiterentwickelt, während wir doch all unsere Übungen betreiben, sind, so Rudolf Steiner, »ein Zeichen dafür, dass die Meditationen anfangen, wirksam zu werden«.

Der Vollständigkeit halber muss ich noch einen Weg erwähnen, der äußerst leicht zurückzulegen ist: den der grauen und der schwarzen Magie. Alles, was sich heute auf diesem Gebiet abspielt – und es geschieht auf dieser Ebene viel mehr, als wir normalerweise vermuten –, liefert schnelle Resultate. Wie zerstörend und vernichtend diese Methoden jedoch wirken, kann man heute bis in die kleinsten Details von Personen hören, die sich mit grauer und schwarzer Magie beschäftigen. Die in Deutschland sehr bekannte Ulla von Bernus, die sich seit 1992 durch einschneidende Ereignisse vom so genannten schwarzen Weg löste und seither versucht, weiße Magie zu praktizieren, sagte einmal in einem Interview: »Das habe ich auch in meinen Lehrgängen gemerkt, dass nur die wenigsten Menschen geneigt sind, rein geistige Wege zu gehen. Die meisten streben nach einfachen ›mausgrauen‹ Praktiken. Von dem Moment an, wo ich meinen Schülern mitgeteilt habe, dass es vor allem auf einen rein geistigen Weg ankommt [den Weg der weißen Magie; *Anm. des Verfassers*], fallen ca. 90 % ab, weil das für sie zu unbequem ist.«[20] Während es auf dem Weg der schwarzen Magie um destruktiven Egoismus und Machtausübung geht, ist der Ausgangspunkt jeglicher weißen Magie der, dass der tief wurzelnde Egoismus durch Opferkraft langsam aber beständig umgewandelt wird und so der weiteren Entwicklung des Menschen und der Erde zugute kommt. Dies bedeutet in der Praxis, dass – weil auf diesem Weg keine äußere Macht ausgeübt werden kann – alles, was mit weißer Magie zu tun hat, ein mehr oder weniger verborgenes Dasein führen muss, während die Resultate der schwarzen Magie heute, milde ausgedrückt, an Boden zu gewinnen scheinen (extreme Gewalt, Appelle an den Egoismus und die niedersten Begierden).

Von einem höheren Gesichtspunkt aus betrachtet liegt die Sache noch anders. Ein altes Sprichwort sagt: *Non clamor sed amor sonat in aure Dei* – Nicht das Geschrei, sondern die Liebe erreicht Gottes Ohr. So kann man sich sogar in einer Zeit, in der destruktive Kräfte stärker als je zuvor die Aufmerksamkeit auf sich ziehen, dennoch auf die verborgenen Kräfte des Guten freuen, die zu gegebener Zeit ans Licht kommen werden!

7 Die Schulung des Willens

> Eine regelmäßige Tätigkeit
> beginnt als ein hauchdünner Faden
> und endet als ein stählernes Kabel.
> *Chinesisches Sprichwort*

Das größte Hindernis, das einem meditativen Leben im Wege stehen kann – sind wir selbst. Ständig müssen wir unsere eigenen Widerstände und unseren Unwillen überwinden, um zu einem regelmäßigen Üben zu kommen. Wie können wir die notwendigen Willenskräfte mobilisieren? Woher holen wir sie?

Es gibt einige Hilfsmittel, den Willen zu einer verstärkten Aktivität anzuregen.

Alles, was regelmäßig und bewusst wiederholt wird, appelliert an die Willenskraft. Darum ist es beispielsweise von größter Bedeutung, dass Meditationen zu einer regelmäßigen Zeit durchgeführt werden. Genau wie Pflanzen regelmäßig gegossen werden müssen, gedeiht das meditative Leben am besten, wenn man sich Tag für Tag, möglichst zu einem festen Zeitpunkt, ein wenig Zeit dafür nimmt. Wenn man dies ein Jahr lang konsequent durchgehalten hat, und seien es nur fünf Minuten pro Tag, sind wir so stark mit dieser Regelmäßigkeit ›verwachsen‹, dass wie von selbst das Bedürfnis entsteht, diesen Rhythmus weiterzuführen. In manchen Fällen wird diese Kraft des ›eingebauten Rhythmus‹ so stark, dass jemand nachts aufwacht, weil er am Abend nicht, wie es seine Gewohnheit war, meditiert hat. Und auf Dauer können Sie gar nicht mehr ohne diese gute Gewohnheit leben. Wenn es dann manchmal aufgrund irgendwelcher Umstände nicht möglich ist, zum Beispiel eine Morgenmeditation durchzuführen, haben Sie das Gefühl, dass Sie nur ein ›halber Mensch‹ sind, da Sie den wichtigsten Moment des Tages übersprungen haben!

Rudolf Steiner hat einige Meditationssprüche gegeben, die bereits durch ihre Form und ihren Aufbau an die Willenskraft appellieren. Auffallend ist beim folgenden Spruch zum Beispiel, dass jeweils das Ende eines Satzes am Beginn des neuen Satzes wiederholt wird. Hierdurch (und durch die Verklammerung) entsteht ein starker Rhythmus, der sich beim Meditieren dieses Inhaltes in uns fortsetzt:

O Gottesgeist erfülle mich
Erfülle mich in meiner Seele;
Meiner Seele leihe starke Kraft,
Starke Kraft auch meinem Herzen
Meinem Herzen, das dich sucht,
Sucht durch tiefe Sehnsucht
Tiefe Sehnsucht nach Gesundheit
Nach Gesundheit und Starkmut
Starkmut der in meine Glieder strömt.
Strömt wie edles Gottgeschenk
Gottgeschenk von dir, o Gottesgeist
O Gottesgeist erfülle mich.[21]

Dieser Spruch ist vollendet ›rund‹, wie die Schlange, die sich selbst in den Schwanz beißt, weil der erste und der letzte Satz gleichlautend sind. Der Spruch illustriert eine Tatsache, die wir bereits früher anführten: Es geht bei der Meditation von Sprüchen nicht nur um den Inhalt, die ›Botschaft‹, sondern ebenso wichtig sind die Klänge, der Rhythmus, die Form und der Aufbau. Indem wir uns dorthinein vertiefen, befreien wir uns vom rein abstrakt-begriffsmäßigen Element, das meistens ein Hindernis für die eigentliche Meditation bildet.

Ein anderes Mittel, den Willen zu stärken, besteht darin, Grenzen zu ziehen. Wir wissen aus dem Alltagsleben, wie wichtig es ist, sich in einer hektischen Umgebung zu behaupten und dieser Umgebung deutlich zu machen: Bis hierhin und nicht weiter! Steiner gab Menschen, die aufgrund einer Krankheit ihre Kräfte zu verlieren drohten, Folgendes zum Überdenken:

»Fürchte dich nicht – Jede Krankheit ist
eine Sache des Schicksals zur Selbsterziehung.
Nutze die Zeit und fürchte dich nicht.
Bedenke: Tüchtig ist, wer sich der Grenzen
seines Könnens bewusst ist, aber innerhalb
dieser Grenzen seine Kraft mit königlicher
Geste verausgabt.
Aber das wisse: Durch die Selbstbeschränkung
erstarken die Grenzen und weiten sich.
Sonst verreißen sie und die Schwäche dringt ein
und verzehrt die Lebenskraft.
Nutze die Zeit und fürchte dich nicht.«[22]

Auf das meditative Leben angewandt, bedeutet das Obenstehende vor allem: die Kunst der Beschränkung zu entwickeln. Eine Meditation darf sich nicht unlimitiert in der Zeit ausdehnen. Kurz und kräftig wirkt letztlich immer besser als lang und unbestimmt. Ein prosaisches, aber äußerst effektives Hilfsmittel ist der Wecker, den wir neben uns stellen!

Zum Schluss gibt es noch ein drittes Gebiet, aus dem der Wille geschöpft werden kann. Auch hieraus zieht das Alltagsleben erkennbare Vorteile. In dem Augenblick, da sich eine Erschöpfung einstellt, ist es geboten, den verbliebenen Rest unserer Willenskraft nicht ›auszuleben‹, sondern ihn in gewissem Sinne ›einzuleben‹. Gerade dann, wenn wir fast keine Kraft mehr übrig haben, müssen wir lernen, zu empfangen, statt die letzten Reste wegzugeben. Ein empfänglicher Wille, der in solchen Augenblicken zu einer Art Schale für dasjenige wird, was notwendig ist, ist jener Art von Willenskraft überlegen, die sich festbeißt und verkrampft.

Rudolf Steiner gibt hierfür eine äußerst ungewöhnliche Übung an:

»Kehre deinen Willen um. Lass ihn so kraftvoll wie möglich werden, aber lass ihn nicht als den *deinen* in die Dinge strömen, sondern erkundige dich nach der Dinge Wesen und gib ihnen dann deinen Willen; lass dich und deinen Willen aus den Dingen strömen [...] Und solang du deinen Wunsch einem einzigen Dinge aufdrückst, ohne dass dieser Wunsch aus dem Dinge selbst geboren ist, solange verwundest du dieses Ding.«[23]

In der Reihe der sechs Nebenübungen besteht die zweite Übung aus der Aufgabe, täglich an einem zuvor festgelegten Zeitpunkt eine Handlung zu verrichten, die wir normalerweise nicht ausführen würden. Es kann eine unbedeutende Handlung sein, auf die niemand achtet: etwa einen Schnürsenkel nochmals binden oder auf die Armbanduhr blicken – immer zum selben Zeitpunkt des Tages. Im Lauf der Zeit können mehrere solche Handlungen an einem Tag ausgeführt werden, so viele wie es möglich ist, ohne dass die tägliche Arbeit darunter leidet. Diese Übung wirkt auf Dauer stimulierend auf die eigene Initiativkraft.

8 Die Nebenübungen

In diesem Kapitel müssen wir etwas gründlicher auf die sechs so genannten Nebenübungen eingehen, die wir bereits erwähnten. Der Terminus »Nebenübungen« kann missverstanden werden – als ob sie ein Dasein am Rande führten. Rudolf Steiner bezeichnet sie auch als »allgemeine Anforderungen, die ein jeder an sich selbst stellen muss, der eine okkulte Entwicklung durchmachen will«.
Sie bilden, anders ausgedrückt, das Fundament, auf welchem das Gebäude der Meditationen ruht.[24]
Der Vollständigkeit halber gebe ich hier einen Überblick über die sechs Übungen im Einzelnen.

Erste Übung: Gedankenkontrolle
Die Denkübung, die wir bereits im Kapitel »Konzentration, Kontemplation und Meditation« beschrieben haben, erzeugt eine Stimmung der inneren Sicherheit und des Vertrauens. Die Tatsache, dass wir in einer chaotischen Welt Dinge in einen sinnvollen Zusammenhang stellen und Ordnungen in der Fülle der Erscheinungen herstellen können, vermittelt diese Sicherheit. Laut Rudolf Steiner ist es besonders wichtig, dieses Gefühl der Sicherheit und Festigkeit jeweils nach der Beendigung der Übung in den ganzen Körper ausstrahlen zu lassen, ausgehend vom Kopf (Gehirn) zum Rücken (Rückenmark). Wenn man einen Monat lang diese erste Übung täglich durchgeführt hat, wird die Aufmerksamkeit auf ein zweites Gebiet verlagert.

Zweite Übung: Kontrolle der Handlungen
Am Ende des vorigen Kapitels wurde bereits die Willensübung

beschrieben. Durch das regelmäßige Ausführen selbstbestimmter Handlungen an selbstbestimmten Zeitpunkten des Tages entsteht im Laufe der Zeit Initiativkraft. Der Wille erhält einen Angriffspunkt, um sich zu verwirklichen. Es ist wichtig, dieses Gefühl des ›Ansporns‹ ebenfalls mit dem Körper zu verbinden: aus dem Kopf durch das Herz in die Gliedmaßen hinein.

Dritte Übung: Hier geht es um die Stärkung des Mittelgebietes
Zuerst wurde an das Denken und den Willen appelliert. Die nächste Aufgabe besteht darin, einen Monat lang wach das Gefühlsleben zu begleiten und zu disziplinieren. Dafür gibt es verschiedene bewährte und altbekannte Mittel, zum Beispiel, einem aufkommenden Wutanfall nicht nachzugeben. Dabei handelt es sich nicht um das Ausschalten des Gefühlslebens, sondern im Gegenteil um seine Harmonisierung. Heftige Emotionen verhindern das Wahrnehmen dessen, was sich um uns herum abspielt; wir nehmen in solchen Momenten im Allgemeinen nur etwas von uns selbst wahr – und im Falle der blinden Wut nicht einmal das! Mabel Collins, eine Theosophin der ersten Stunde, hat in ihrem Meditationsbuch *Die Stimme der Stille* die Hingabe, die mit dieser Übung verbunden ist, auf den Punkt gebracht: »Bevor das Auge sehen kann, muss es der Tränen sich entwöhnen.« Aus dem Herzen lassen wir immer wieder das Gefühl des Gleichgewichts, der inneren Stille und des Friedens in unsere Gliedmaßen und den Kopf hineinströmen.

Vierte Übung: Positivität
Im vierten Monat wird die Aufmerksamkeit auf das Üben der Positivität in allen Lebenslagen gerichtet. Das bedeutet nicht, dass wir die Augen vor allem verschließen sollen, was schiefgeht, doch dass wir versuchen, auch in Missständen immer noch das zu erkennen, was einen Wert für die Zukunft besitzt; selbst in dem Menschen, der uns gegenübersteht und dem wir Antipathie entgegenbringen,

immer noch den wertvollen Kern im Auge zu behalten. Manchmal gelingt das nur noch, wenn wir uns vorstellen, dass hinter einem Menschen, der sein Leben und das anderer unter Umständen sogar ruiniert hat, der Engel steht, der ihm helfen will, das Beste daraus zu machen. In der Seelsorge, in der wir häufig mit ›unmöglichen‹ Situationen konfrontiert sind, hat diese Vorstellung mir sehr oft geholfen. Durch die Positivitätsübung entwickeln wir im Laufe der Zeit eine andere Empfindung für die Welt, die uns umgibt – ein Gefühl, neben der alltäglichen noch in einer anderen, größeren Wirklichkeit zu stehen. Dieses Gefühl lassen wir zum Herzen hinströmen und von dort aus durch die Augen hindurch in den uns umgebenden Raum, mit welchem wir im Laufe der Zeit eine neue Verbindung aufbauen.

Fünfte Übung: Unbefangenheit
Durch die vierte Übung schufen wir in gewissem Sinne einen neuen Raum um uns herum. In der Lebenspraxis können wir dies auch an Menschen bemerken, die eine unverwüstliche Positivität ›ausstrahlen‹. Im fünften Monat bemühen wir uns konsequent, der Welt, die uns umgibt, mit Unbefangenheit entgegenzutreten, also ohne jegliches Vorurteil. Dann ist es, als fülle sich der Raum, der uns umgibt, den wir zuvor selbst geschaffen haben, mit neuem Leben. Die Welt, die uns umgibt, hat sich vielleicht in gar keiner Weise verändert, aber wir blicken mit anderen Augen auf die Wirklichkeit. Und dadurch *verändert* sich auch etwas an dieser Wirklichkeit. Das, was wir sehen, fühlt sich möglicherweise ›erkannt‹! Wir versuchen in diesem Stadium, so gut wir es vermögen, eine Empfindung aufzubauen für das, was in unserer Umgebung zum Leben erweckt wird.

Sechste Übung: Zusammenspiel
Im sechsten Monat besteht die Aufgabe darin, die vorangegangenen fünf Übungen in ein ausgeglichenes Zusammenspiel zu führen. Es

ist die Zusammenfassung aller vorangegangenen Übungen und in gewissem Sinne die Krone der Arbeit eines halben Jahres. Dadurch entsteht im Laufe der Zeit ein Gefühl der Harmonie und des unerschütterlichen Vertrauens.

9   Der Weg und das Ziel

Dass Meditation ein Weg ist, der nicht nur betrachtet, sondern vor allem gegangen werden muss, mag inzwischen deutlich geworden sein. Wohin dieser Weg führt, darüber wurde noch wenig gesagt. Ich versuche, durch einen Vergleich zu einer Vorstellung des Zieles zu gelangen: In den Tempeln des klassischen Altertums war es nicht selbstverständlich, dass ein willkürlicher Passant eintrat. Normalerweise existierte eine Trennung zwischen dem Vorhof, den jeder Gläubige betreten durfte, und dem eigentlichen Tempelbezirk, in dem der Priester opferte: das Heilige. Das Allerheiligste, wie es im Tempel Salomos veranlagt war, wurde nur einmal im Jahr vom Hohepriester betreten. Dieser vollkommen dunkle Raum war die Wohnstätte der Gottheit selbst. Einmal im Jahr opferte der Hohepriester hier für das gesamte Volk.

Auch die Meditation kennt einen ähnlichen Weg, der jedes Mal von Neuem zurückgelegt werden muss: vom ›Vorhof‹ hin zum ›Tempel‹, wo wir unsere Seelenkräfte der göttlichen Welt opfern. Der Vorhof jeder Meditation ist die Stimmung der Ruhe, der inneren Stille und der Ehrfurcht. Ohne diese Vorbereitung dringen wir niemals bis zum ›Tempel‹ vor. Auf dieser zweiten Etappe des Weges müssen wir unsere festen Vorstellungen, unsere subjektiven Gefühle, unsere egoistischen Wünsche opfern. In diesem Stadium kann jeder Mensch, der ernsthaft meditiert, etwas vom ›Priestertum aller Gläubigen‹ entwickeln.

Doch das eigentliche Ziel ist dies noch nicht. Ziel der Meditation ist nicht die Anstrengung, nicht das Opfer, nicht der Inhalt oder der Text, sondern dasjenige, was aus der göttlichen Welt dem allen hinzugefügt wird. Dies können wir bei Weitem nicht immer bewusst erfahren. Unzählige Male bemühen wir uns, einen meditativen Inhalt zum Leben zu erwecken – bis wir ihn vielleicht ein einziges Mal fast greifbar erfahren können: Jetzt sind wir in der Gegenwart Gottes. In solchen Augenblicken durften wir für einen kurzen Moment lang das Allerheiligste dieses unsichtbaren Tempels betreten und erfahren, was das Ziel ist. Alles, was wir uns auf dem Weg zu diesem Ziel erobert haben, die Ernte der Meditation, ist letztlich nicht für uns selbst, sondern für Ihn bestimmt. Was wir in der Meditation vollbringen, können wir, um es in der Sprache der Apokalypse auszudrücken, als einen »Baustein des Neuen Jerusalem« bezeichnen. In diesem Neuen Jerusalem sind Himmel und Erde erneuert und vergeistigt. Es ist die einzige Stadt in der Bibel, in der sich kein Tempel befindet: »Und ich sah darin keinen Tempel; denn der göttliche Herr, der Allumfassende, ist ihr Tempel, und das Lamm« (Apokalypse 21,22). Das ist der Zustand, in welchem jeder, der zu einem Teil dieser künftigen Schöpfung geworden ist, im Allerheiligsten ist – Auge in Auge mit der Gottheit und mit dem Sohn.

Um allmählich ein Gefühl für dasjenige zu entwickeln, was aus der geistigen Welt heraus hinzufügt wird, ist es wichtig, nach Beendigung der Meditation einige Augenblicke völliger innerer Stille entstehen zu lassen. In diesem stillen, leeren, inneren Raum, wo nichts von uns selbst ausströmt, lauschen wir auf den Nachklang, wir schmecken gewissermaßen den ›Nachgeschmack‹, öffnen unser inneres Auge für das Nachbild. Diese Augenblicke können häufig mehr für uns bedeuten als alles, was vorangegangen ist.

Am Schluss jeder Meditation, wenn auch die letzten Eindrücke verschwunden sind, ist ein Gefühl der Dankbarkeit angebracht. Auch wenn wir nichts vom oben Beschriebenen bemerkt haben, können wir, wenn wir sensibel genug sind, die Dankbarkeit erfahren – allein schon deswegen, weil wir durch die Meditation zu uns selbst gekommen sind und unsere Kräfte gebündelt haben.

In einem persönlichen Gespräch berichtete mir einmal jemand, dass er all seine Meditationen (die er bereits seit Jahrzehnten pflegte) mit folgendem Satz abschloss: »Ich danke Dir, dass ich ein Meditant sein darf.« Durch solche Stimmungen strömt etwas von uns in jene Welt zurück, die bewirkt, dass die meditative Tätigkeit für uns Früchte tragen kann.

TEIL II FORMEN DER MEDITATION

1 Die Rückschau

Das Mittel *par excellence*, um aus Erfahrungen zu lernen und diese zu Selbsterkenntnis und Erkenntnis umzuwandeln, ist die Rückschau. Wenn wir uns im Strudel der Ereignisse befinden und schnell handeln müssen, bedeutet das meistens eine verpasste Chance, wenn wir es bei diesen Handlungen belassen und weiter nicht daran zurückdenken. Sogar vom Schöpfer selbst wird gesagt, dass er am Ende jedes Schöpfungstages einen Rückblick hält: »Und Gott sah, dass es gut war ...«

Für den Rückblick auf den Tag bedarf es der Distanz. Man kann den Moment des Rückblicks mit einer Bergbesteigung vergleichen, an deren Ende eine Aussicht steht, das Panorama. Während der Wanderung in einem großen Gebirge hat es den Anschein, als seien wir in der riesigen Landschaft verloren wie eine Ameise, die ziellos herumirrt. Wenn wir dann den Gipfel erreicht haben, können wir in vielen Fällen auf den zurückgelegten Weg herabblicken (und auf den kommenden vorausblicken!). Im Lebensschicksal handelt es sich um mehr als nur um die angenehme oder unangenehme Aussicht: Es ist eine Notwendigkeit, immer wieder aufs Neue einen Überblick über eine Situation und sich selbst zu erlangen, wenn man sich nicht in den Ereignissen, die sich um uns herum abspielen, oder in der eigenen Biografie verirren will. Gerade wenn jemand in großen persönlichen Schwierigkeiten und Konflikten steckte, riet Rudolf Steiner dazu, die Rückschau zu üben. Wer in solchen Situationen nur versucht, im Hier und Jetzt zu leben (wie es in manchen Therapierichtungen propagiert wird), läuft Gefahr, die Verbindung mit der Wirklichkeit, in der auch die Vergangenheit und die Zukunft eine Rolle spielen, zu verlieren. Die Rückschau ist eines der wichtigsten Hilfsmittel im besten Sinne des Wortes, um mit den Ereignissen in unserem Leben buchstäblich ins Reine zu kommen.

Ich beschreibe hier zunächst zwei verschiedene Formen der Rückschau. Sie sind jeweils für eine kürzere oder eine längere Zeitspanne geeignet. Es ist wichtig, diese beiden Formen gut voneinander zu unterscheiden, weil jede von ihnen zu einem bestimmten Zeitabschnitt gehört.

Wenn man auf den vergangenen Tag zurückblickt, liegen die Ereignisse erst so kurz zurück, dass man noch kaum in der Lage ist, sie in der richtigen ›Perspektive‹ zu sehen. Wenn wir hier bereits versuchen, zu einem Urteil über die Ereignisse und uns selbst zu kommen, ist die Gefahr der Verzerrung des Bildes groß. Dafür müssen wir *eine Nacht darüber geschlafen* haben (diese Redensart benutzen wir auch, wenn wir eine oder sogar mehrere Wochen lang darüber geschlafen haben!).

Kurz: Für den Rückblick auf den vergangenen Tag ist es am produktivsten, die Ereignisse der Reihe nach ins Licht zu heben und wieder verschwinden zu lassen. Dabei bleiben wir selbst der Regisseur, der bestimmt, in welchem Licht sie erscheinen sollen. Wir können, wenn wir das wollen, die Ereignisse in das Licht einer ganz bestimmten Ausgangsfrage stellen, wie zum Beispiel:
- Wo hatte ich heute eine wirkliche Begegnung?
- Wo habe ich etwas Neues gelernt?
- Wo habe ich mich von meinen Einseitigkeiten mitreißen lassen?
- Habe ich etwas von der Gegenwart Christi erfahren können?

Auf die letzte Frage werde ich gleich noch zurückkommen.
Als Regisseur bestimme ich auch selbst, wie lange die ›Aufführung‹ dauert. Je länger sie dauert, desto größer ist die Gefahr, dass unsere Aufmerksamkeit erschlafft. Länger als eine Viertelstunde zurückzublicken, ergibt meistens keinen Sinn. Wir können sogar eine Übung daraus machen, in zwei oder drei Minuten alles, beginnend beim

Ende, bis zum Anfang zurückschreitend, zu überblicken. Dabei handelt es sich ausdrücklich nicht um ein Kontemplieren, Psychologisieren oder Beurteilen – sondern um nicht mehr und nicht weniger als das, die Bilder des vergangenen Tages an uns vorüberziehen zu lassen. Wir helfen uns selbst auf diese Weise dabei, aus der Gebundenheit an die chronologische Zeit in ein anderes Zeiterleben hineinzukommen, indem wir die Ereignisse vom Ende des Tages bis zu seinem Anfang in rückläufiger Reihenfolge erscheinen lassen. Diese Umkehrung macht es möglich, in eine objektivere Stimmung zu kommen, wobei wir lernen, quasi über unsere eigene Schulter auf uns selbst und die Ereignisse zu blicken. Diese erste Form der Rückschau wird von Rudolf Steiner ausführlich in seinem Buch *Die Geheimwissenschaft im Umriss* beschrieben.[25]

Die andere Form, die im Buch *Wie erlangt man Erkenntnisse der höheren Welten?*[26] skizziert wird, ist für den Rückblick bestimmt, der sich auf Ereignisse richtet, die im wahrsten Sinne ver-gangen sind: Wir waren emotional bereits mit ihnen konfrontiert und sind durch sie hindurchgegangen. Ausdrücklich erwähnt Rudolf Steiner, dass diese Form – wobei es sich nicht nur um die Vorstellung handelt, sondern auch um die Betrachtung (Kontemplation) und das Urteil – besonders für solche Erfahrungen geeignet ist, die in einer weiter zurückliegenden Vergangenheit liegen als die des gerade beendeten Tages: »Mit gegenwärtig erlebten Schicksalsfügungen wird und braucht dies nicht zu gelingen; mit länger vergangenen muss es vom Schüler des Geisteslebens erstrebt werden.« Hierbei lautet die Aufgabe: das Wesentliche vom Unwesentlichen zu unterscheiden. Wenn ich diese Art der Rückschau am Ende eines jeden Jahres abhalte, indem ich ihre Resultate jahrein, jahraus in einer Art Tagebuchnotizen festhalte, habe ich im Laufe der Jahre nicht nur ein wesentliches Stück Selbsterkenntnis erfahren, sondern auch geübt, den Menschen und den Strömungen auf die Spur zu kommen, mit denen ich mich durch mein Leben verbunden weiß. Was ohne diese Rückschau in der Sphäre der Vermutungen und unbestimmten Gefühle bliebe, wird durch dieses Instrument der Selbsterkenntnis ›ans Licht gebracht‹.

Es gibt jedoch noch eine dritte Form der Rückschau, die ich ergänzend neben die beiden bereits geschilderten stellen möchte. Wenn man sie einige Jahre lang übt, kann man den Schritt von der individuell-biografischen zur individuell-religiösen Rückschau vollziehen. In der üblichen, doch auch in der anthroposophischen Biografiearbeit wird heutzutage meines Erachtens dieser religiösen Komponente noch zu wenig Aufmerksamkeit geschenkt. Die Biografie wird durch Gesichtspunkte beleuchtet, die beispielsweise durch die Biologie, die Psychologie oder die Anthroposophie formuliert worden sind. Selten wird der höhere Gesichtspunkt, der von Rudolf Steiner so beschrieben wurde, dass Christus im 20. Jahrhundert in einem »zweiten Christus-Ereignis« als »Herr des Karma«[27] geschaut werden könne, in die Praxis der Biografiearbeit einbezogen. Steiner weist damit auf eine neue Entwicklung innerhalb der geistigen Welt hin: Christus verbindet sich, viel stärker als je zuvor, mit dem Lebenslauf jedes einzelnen Menschen.

Ich meine, davon lässt sich auch etwas in den Berichten von Menschen wiederfinden, die heute in der Lage sind, aus diesem höheren Gesichtspunkt auf ihr gesamtes Leben zurückzublicken – in den Beschreibungen des Lebenspanoramas während der so genannten Nahtoderfahrungen. Unzählige Menschen, die diese große Übersicht (griechisch: *pan-horama* = alles sehen) erlebt haben, konnten berichten, dass sie in dieser Rückschau nicht allein waren. Ein Lichtwesen, eine menschliche Gestalt, die neben ihnen stand und die sie tiefer kannte, als sie sich selbst zu kennen meinten, zeigte ihnen ihr Leben und machte ihnen deutlich, dass sie der Herr ihres Schicksals war. Die Menschen, die dies erfahren haben und dadurch noch eine Art ›Zugabe‹ zu ihrem Leben geschenkt bekamen, wissen seitdem mit einer Sicherheit, die ihnen niemand nehmen kann, wem sie ihr Leben zu verdanken haben und für wen dieses Leben bestimmt ist.

»Unser Leben ist Sein schaffendes Leben.« Dieser Satz, der im Kultus der Christengemeinschaft am Altar erklingt, ist viel konkreter, als wir uns gemeinhin klarmachen. Es handelt sich hier nicht um einen poetischen oder symbolischen Ausdruck – es ist die tägliche Wirklichkeit, in der wir leben und derer wir uns selten oder nie bewusst sind.

In der dritten Form der Rückschau, die wir (nicht im konfessionellen, sondern im umfassendsten Wortsinne) als »verchristlichte Erinnerung« bezeichnen können, handelt es sich in erster Linie darum, das Wesentliche vom Unwesentlichen zu unterscheiden – und anschließend einen Versuch zu machen, das »Wesen« in diesem Wesentlichen zu erkennen. Wir können uns die Fragen vorlegen:
- Wo war Er während der vergangenen Ereignisse?
- War ich in der Lage, etwas von Seiner Anwesenheit zu gewahren?

Weil diese Vorgehensweise noch wenig untersucht worden ist, möchte ich sie mit einigen Beispielen illustrieren, vom ›Großen‹ zum ›Kleinen‹. Die beeindruckendsten Ereignisse, denen die Nahtoderfahrung vorangegangen ist, sind wahrscheinlich auch die am deutlichsten erkennbaren.

In einem ausführlichen Bericht über eine Erfahrung an der Todesschwelle beschreibt der Amerikaner George Ritchie nicht nur die Konfrontation mit Christus, der ihm sein gesamtes Leben bis in die kleinsten, vergessenen Einzelheiten hinein zeigt, sondern auch die schmerzhafte Rückkehr in das Alltagsleben, als er seine schwere Krankheit besiegte: »Ich ertappte mich dabei, wie ich über der Tatsache brütete, dass anderen erlaubt worden war, dieses Leben zu verlassen, während ich dazu verdammt war, zu bleiben […] Und während wir uns dort um die Verwundeten und Sterbenden mühten, wurde mein Verlangen nach dem Tod zur Qual. Ich sah die Tatsache des Überlebens als ein Gericht mir gegenüber an, eine Ablehnung von der Person, deren Liebe mir alles bedeutete.«[28]

George Ritchie, der eine Zeit lang als Soldat in einem Feldlazarett arbeiten musste, wurde eines Tages zu einem Sergeant, Jack Helms, gerufen, der von einer Landmine schwer verwundet worden war. Der ihm unbekannte Mann erinnert George Ritchie an jemanden – an wen, weiß er nicht. Doch da ist etwas, das bewirkt, dass George Ritchie gerne in seiner Nähe ist. »In mir wuchs fortwährend der Eindruck, dass ich Jack Helms schon vorher gekannt hatte. Er war ein echter Nachfolger Jesu, begriff ich, evangelisch, obwohl er mit der katholischen Familie, die ihn adoptiert hatte und ihm alle erdenkliche Liebe erwies, in deren Kirche ging.« Eines Tages beschließt George Ritchie, dem Patienten seine Nahtoderfahrung zu erzählen, obwohl er diese Erfahrung fast keinem anderen Menschen anzuvertrauen gewagt hatte. »Ich beschrieb das Licht, das die kleine Schlafkammer betreten hatte, wie es gleichzeitig in mein ganzes Leben eingetreten war und durch eine Liebe aufleuchtete, wie ich sie niemals ... Ich hielt unvermittelt inne und starrte Jack an. Wieder beschlich mich das Gefühl, dass ich ihn vorher schon gekannt hatte. Dieses sonderbare Empfinden, das ich vom allerersten Tag an hatte, in der Nähe eines bekannten Freundes zu sein. [...] Es war Christus, der mich die ganze Zeit über aus Jack Helms' Augen angeschaut hatte. Das Angenommen-Sein. Die Fürsorge. Die Freude. Natürlich, ich erkannte das alles! Ich war ihnen im Krankenhauszimmer in Texas begegnet, und jetzt, 5000 Meilen entfernt, traf ich sie wieder, auf einem Hügel in Frankreich. Dieses Mal waren sie nur wie ein Echo, unvollkommen, übertragen durch ein fehlerhaftes menschliches Wesen. Aber schließlich wusste ich jetzt, von wem die Botschaft kam. [...] Das Wesen der Person, der ich begegnet war, war ihr ›Jetzt-Sein‹. Er war überwältigend und überall gegenwärtig, sodass eigentlich keine andere Zeit außerhalb von ihm existieren konnte. Es war nicht gut, so erkannte ich plötzlich, wenn ich nach ihm in der Vergangenheit suchte, wenn auch die Vergangenheit nur 15 Monate zurücklag. An jenem Nachmittag auf der Straße von Rethel wusste ich, dass, wenn ich die Nähe Christi zu fühlen wünschte – und ich wünschte dies mehr als alles andere –, dann musste ich sie in den Menschen finden, die er an jedem Tag vor mich stellte. […] Und darum hatte Jesus mich in seiner Gnade in die 123. gesteckt. Er ließ mich mit Jack beginnen, denn Jack war leicht zu nehmen; man konnte Christus in Jack erkennen. Aber das war lange, bevor ich Jesus in dem Juden aus New York, dem Italiener aus Chicago, in dem Schwarzen von Trenton sah …«[29]

Dank dieser einschneidenden Erfahrung kann George Ritchie später, am Ende des Zweiten Weltkriegs, die Schrecknisse der gerade befreiten Konzentrationslager aushalten: »Jetzt brauchte ich in der Tat meine neue Erkenntnis. Wenn es so schlimm wurde, dass ich nicht mehr konnte, tat ich das, was ich zu tun gelernt hatte. Ich ging von einem Ende zum anderen in dem Stacheldrahtverhau und schaute in die Gesichter der Menschen, bis ich feststellte, dass das Gesicht Christi mich anblickte.«[30]

Das im Folgenden beschriebene Ereignis zeigt das vorangegangene quasi in Miniaturform. Ein Lehrer, der ein »unmögliches Kind« in seiner Klasse hatte, holte sich einst, am Ende seines Lateins, Rat bei Heinrich Ogilvie, einem Priester der Christengemeinschaft. Ogilvie gab ihm eine ›unmögliche‹ Aufgabe: »Blicken Sie auf dieses Kind mit den Augen des Christus.« Noch ratloser als zuvor ging der Lehrer am nächsten Tag wieder in seine Klasse. Er war am Ende seiner Möglichkeiten und seiner Geduld angekommen. An diesem Tag schien alles hoffnungslos schiefzugehen. Während eines Spiels im Turnsaal hinterließ der Junge eine Spur des Chaos und der Aggression. Überall, wo er war, kam es zu Tumulten. Der Lehrer, der kurz davor war, die Fassung zu verlieren, wollte gerade in Wut ausbrechen – als der Satz, der ihm am Tag zuvor zugesprochen worden war, in seiner Erinnerung aufstieg: »Blicken Sie auf dieses Kind mit den Augen des Christus.«

Da war plötzlich jemand oder etwas, das ihm die Kraft verlieh, mit anderen Augen zu sehen. Etwas, das man als bedingungslose Liebe bezeichnen könnte, die der Lehrer in diesem Augenblick aus eigener Kraft nicht aufbringen konnte. Und, wie von einem Zauberstab berührt, war durch diesen Blick der Junge zu sich gekommen – und der Lehrer hatte im selben Augenblick seine Wut verloren!

Noch kleiner wird die Miniatur, wenn wir über längere Zeit hinweg versuchen, diese Tatsache in einer schwierigen menschlichen Beziehung wiederzuerkennen – indem wir Zurückhaltung üben. Gerade von den Menschen, die total anders geartet sind als wir selbst, die durch ihre Eigenheit unbestimmte Antipathien in uns hervorrufen, können wir in solchen Situationen am meisten lernen. Wenn wir das Glück haben, dass beide Seiten (obwohl sie einander fremd sind, einander nicht mögen und jede Handlung Anlass für einen neuen Konflikt bilden kann) in Stille versuchen, sich selbst zurückzuhalten und sich selbst zu überwinden, ist es möglich, dass in einem unerwarteten Moment eine dritte Person hinzutritt. Einen solchen Moment habe ich im folgenden Gedicht in Worte zu fassen versucht:

> Du warst für mich ein Fremdling,
> dessen Sprache ich nicht verstand.
> Ich musste mich im Schweigen üben,
> bis das Wort seine Wege fand.
> So lange habe ich zugehört
> – und du mir –,
> bis wir in unserem Schweigen hören konnten,
> was nie zuvor ausgesprochen:

Eine Stille, in der Zukunft geboren wird.
Still wob etwas zwischen uns
hin und her –
das war Er,

das war Er.

Unsere Biografien sind heute häufig zu Egodokumenten degeneriert. Gelingt es uns in der Zukunft, mit der gerade geschilderten Blickrichtung auf diese biografischen Tatsachen zu blicken – und das kann zunächst nur durch behutsames Fragen und Tasten geschehen –, so werden unsere Lebensgeschichten erst wirklich der Mühe wert sein, sie einander mitzuteilen! Es ist selbstverständlich, dass dieser neue Gesichtspunkt hier zunächst nur ganz allgemein und unvollständig formuliert wurde. Mein Eindruck ist, dass ein riesiges, unbearbeitetes Gebiet darauf wartet, von uns kultiviert zu werden.

2 Morgen, Mittag, Abend und Nacht

Im Alltagsleben bedürfen wir heute eines ständigen Zeitbewusstseins; sonst zerrinnt uns die Zeit wie Sand zwischen den Fingern. Auf alle möglichen Weisen versuchen wir, die Zeit optimal zu gebrauchen. Bei diesem so genannten Zeitmanagement handelt es sich fast immer um die chronologische Zeit, die wir mit der Uhr messen können. Für die Meditation brauchen wir daneben noch ein anderes Bewusstsein von der Zeit. Im klassischen Griechisch unterschied man sprachlich zwei Formen der Zeit: *chronos* und *kairos*. Neben der chronologischen Zeit, die wir alle kennen, deutete man mit dem Wort *kairos* eine Qualität an: den »günstigen Augenblick«. Kairos ist der Gott des richtigen Moments, der günstigen Gelegenheit, die sich im Schicksal auftut. Die Sage erzählt, dass derjenige, der diesen Gott bei seinem wallenden Haar zu packen wusste, Herr über diese Welt würde. Kairos war ein Gott, der sich schneller als die Gedanken fortbewegte. Wir würden heute sagen: eine günstige Gelegenheit in unserem Leben, die wir nicht im Voraus ausdenken oder berechnen können, sondern die wir ausschließlich durch Geistesgegenwart ergreifen können. Um diese Geistesgegenwart zu üben, die etwas ganz anderes ist als unser Intellekt, ist es notwendig, ein Gefühl für die Qualitäten der unterschiedlichen Momente des Tages und der Nacht zu entwickeln. Die zwölf Stunden eines Tages waren ursprünglich mit zwölf Genien verbunden, führenden, inspirierenden Geistern, die den Menschen jeweils ein eigenes Geschenk anbieten. Noch immer sagen wir, wenn wir auf ein besonderes Zusammentreffen von Umständen oder eine plötzliche Entdeckung hindeuten: Es lag in der Luft. Die Zeit war reif dafür. So halten bestimmte Momente unserer Biografie, aber auch im Leben der gesamten Menschheit, ein besonderes Geschenk für denjenigen bereit, der über die Geistesgegenwart verfügt, dieses Geschenk zu erkennen.

»Morgenstund' hat Gold im Mund.« Dieses Sprichwort erfüllt sich nicht bei einem Menschen, der zu tief ins Glas geblickt hat und mit einem Kater erwacht. Wohl aber bei dem, der die klaren Momente nach dem Aufwachen dazu nutzt, ein Gefühl für das Geschenk des kommenden Tages zu bekommen. Der Franzose Jacques Lusseyran, der sich als Anführer einer Widerstandstruppe im Zweiten Weltkrieg nicht erlauben konnte, nur einen einzigen Fehltritt zu begehen, begann seinen Tag folgendermaßen:

»Jeden Tag – auch sonntags – stand ich um halb fünf Uhr, vor Tagesanbruch, auf. Dann kniete ich zuerst nieder und betete. ›Mein Gott‹, sagte ich, ›gib mir die Kraft, meine Versprechungen zu halten‹. [...] Dann beugte ich mich aus dem Fenster, um auf Paris zu lauschen. Ich nahm Paris ernster als je zuvor. Nicht dass ich mir etwas vorgemacht hätte, dass ich mich für die ganze Stadt verantwortlich gefühlt hätte! Doch in dieser halb betäubten Stadt, die jede Nacht von zwölf bis fünf Uhr unter der Sperrstunde erstarrte, war ich seit drei Tagen einer der Verantwortlichen geworden.«[31]

In diesem inneren und äußeren Hinlauschen auf das, was aus dem frühen Morgen auf ihn zukam, entwickelte Lusseyran eine fast untrügliche Intuition für Menschen und Ereignisse.

Im meditativen Leben ist es von größter Wichtigkeit, im richtigen Moment zu ›säen‹ und zu ›ernten‹. Wie ein Bauer im Sommer kein Getreide ernten kann, wenn nicht im frühen Frühjahr gesät wurde, so kann jemand, der meditiert, nichts am Tage ernten, was nicht in der vorigen Nacht gesät worden ist. Dasjenige, was wir in den Abend hineinsäen durch Meditation oder Gebet, hat Konsequenzen für den kommenden Tag. Rudolf Steiner hat einmal in drastischen Worten beschrieben, was geschieht, wenn wir dies versäumen. In dieser Situation spricht er vom Gebet, doch dieselbe Gesetzmäßigkeit gilt auch für die Meditation: »Wenn der Mensch einschläft, ohne sich vorbereitet zu haben, so erhält er in den Welten, in die er dann eintritt, keine Zufuhr geistiger Kräfte. Der materialistische Mensch, er sei noch so gelehrt, wissenschaftlich noch so hoch stehend: wenn er abends unvorbereitet in die geistigen Welten eingeht, so steht er in ihnen tief unter dem einfachen, primitiven Menschen, der sich durch sein Gebet schon mit ihnen in Verbindung gesetzt hat. In unserer materialistischen Zeit [...] hat der Mensch mehr und mehr das Beten vergessen. Er schläft ein und erwacht mit seinen alltäglichen Gedanken. Was tut er aber damit? Denn es geschieht etwas mit dieser Unterlassung. Er tötet jedes Mal etwas vom geistigen Leben, von den geistigen Kräften, auf dem physischen Plan.«[32]

Von allergrößter Bedeutung für unser inneres Leben ist die Vorbereitung auf den Schlaf. Schlafen und schlafen ist nicht dasselbe. In gewissem Sinne beginnen wir den folgenden Tag bereits am Abend des vorangehenden Tages. Diese Vorbereitung wirkt im Schlaf weiter, der eine andere Qualität annimmt. Wer über mehrere Jahre meditiert hat, kann dies auch an seinen Träumen ablesen. Sie sind nicht nur die banale Folge banaler Ereignisse des vorangegangenen Tages, sondern sie können zu Wegweisern für die innere Entwicklung werden. Jemand, der sich bis spät in die Nacht in das Wesen der Inspiration vertieft und darüber meditiert hatte, hörte in seinem Traum kurz vor dem Aufwachen buchstäblich folgende Worte: »Es scheint dir so, als wärest du in der Wirklichkeit. Doch stelle dich mit deinem Rücken zur Welt und schaue erneut – und du wirst entdecken, dass alles, alles Schein ist.« In dem Traum, der hierzu parallel verlief, entstand ein nie gekanntes neues Gefühl für die wahre Wirklichkeit.

So wie der Abend der geeignete Moment dafür ist, auf den Tag zurückzublicken, um für das zu danken, was am vergangenen Tag möglich war, um sich der göttlichen Welt anzuvertrauen, so richtet der Morgen den Appell an uns, zur irdischen Wirklichkeit zurückzukehren – mit einem Rest von Bewusstsein für das verborgene

Geschenk der Nacht. Bei verschiedenen Meditationen, die Rudolf Steiner seinen Schülern persönlich gab, fügte er die Anweisung hinzu, dass die Meditation unmittelbar nach dem Aufwachen ausgeübt werden soll – in dem Moment, bevor noch ein Sinneseindruck vorhanden ist, in der größtmöglichen Ruhe.[33]

Im folgenden Gedicht habe ich versucht, die Stimmung wiederzugeben, mit der wir dem neuen Tag entgegengehen können, eine Stimmung, die mitbestimmend ist für die Qualität der Begegnungen dieses neuen Tages:

> Was im Schlaf erklungen ist
> und in der Stille gesprochen wurde,
> möge in diesem Tag erscheinen.
>
> Auch wenn es versunken ist
> im Vergessen –
> ich kann es erschließen aus der Nacht.
>
> Dass die Begegnung
> mit meinem Nächsten
> die Antwort geben möge,
>
> wenn ich wachsam
> den Weg beschreite,
> der auf mich wartet.

Eine Frau, die jahrelang durch eine chronische Krankheit ans Bett gefesselt war, berichtete einmal, dass ihr diese jahrelange Prüfung wie eine Art Marsch durch die Wüste vorkam. Doch während dieser Entbehrungen erwuchs ihr in zunehmendem Maße ein Bewusstsein für die kleinen Geschenke, die wir tagsüber aus der geistigen

Welt erhalten. Manchmal wurden solche Geschenke von Menschen überreicht in der Form eines Besuches oder einer Aufmerksamkeit; manchmal war es auch nur ein besonderer Lichteinfall oder das Singen eines Vogels. In der äußersten Einschränkung war eine große Sensibilität dafür entstanden. Als »Wüstenrosen« bezeichnete die Frau diese Geschenke.

Die Qualität der *Mittagsstunde* ist nicht so leicht erkennbar wie die des Morgens und des Abends. In der Mitte des Tages, wenn die Sonne ihren höchsten Stand erreicht hat, wiegt die Last der täglichen Arbeit häufig schwer. Wenn man in diesem Moment innehält und sich auf den Genius der Mittagsstunde orientiert, kann man manchmal erfahren, wie in der stärksten Gebundenheit, in der tiefsten Verbindung mit der Erde, der Himmel ganz nah ist. Um dies zu erfahren, brauchen wir nicht nur im Neuen Testament nachzuschlagen, wo in der Mittagsstunde (»die sechste Stunde«) besondere Ereignisse stattfinden. Das erfährt auch ein Matrose im berühmten Roman *Moby Dick* von Herman Melville, während er zur Mittagsstunde an Deck sitzt: »… als wäre dies der Webstuhl der Zeit, und ich selber wär´ ein Schiffchen, welches mechanisch am Schicksal hinwob und wob. Da lagen die festgezurrten Fäden der Kette, ausgesetzt nur einer einzigen, stetig wiederkehrenden, unabänderlichen Vibration, und diese Vibration eben hinreichend, um das kreuzweise Vermengen anderer Fäden mit den eigenen zu gestatten. Diese Kette schien mir Notwendigkeit; und hier, dacht ich, führe ich mit meiner eigenen Hand mein eigenes Weberschiffchen und webe mein eigenes Schicksal in die unabänderlichen Fäden ein.«[34]

Nicht nur für Meditation und Gebet, sondern auch für den Umgang mit Verstorbenen sind die Qualitäten von Tag und Nacht von allergrößter Bedeutung. Darauf werde ich noch im Kapitel »Meditation für Verstorbene« zurückkommen.

Wer die günstigen Momente verstreichen lässt, verpasst den Anschluss. Oder, wie im folgenden Traum, den Zug: »Eines Abends war ich sehr müde und denke: Lass heut mal das Meditieren – und schlafe augenblicklich ein. Im Traum reise ich mit der Eisenbahn in einem der drei letzten Wagen des Zuges. Auf einer Station werden diese Wagen abgehängt und bleiben stehen, während der Zug weiterfährt.«[35]

3   Wort- und Bildmeditation

Je weiter wir in der Geschichte des meditativen Lebens zeitlich zurückgehen, desto stärker haben die Worte und Sätze der alten Meditationen einen mantrischen Charakter. Das indische Wort *mantra* ist aus der ersten Silbe des Wortes *manana* (denken) und *trana* (Befreiung aus den Fesseln der Welt der Erscheinungen) gebildet. Die buchstäbliche Bedeutung des Wortes *mantra* ist: das, was Befreiung bringt, wenn man darüber nachdenkt.[36]

Arthur Avalon, der als ein großer Kenner der indischen Mantramlehre gilt, nennt ein Mantram auch prägnant »Kraft in Klangform«. Es handelt sich hierbei um besondere Rhythmus- und Klangfolgen, die sich wiederholen. Auch im Alten Testament finden wir sprechende, klingende Beispiele dieses mantrischen Charakters der Sprache. So zum Beispiel in Jesaja 7,9, einer Stelle, die in der hebräischen Sprache, phonetisch transkribiert, lautet: *Im-ló ta amínû ki-ló tê amênû.* Wir haben hier nicht nur einen markanten rhythmischen Sprachgebrauch (kurz – lang – kurz – kurz – lang – kurz, zweimal nacheinander), sondern auch die Vokalfolge ist fast gleich (i–o–a–a–i–u).

Martin Luther hat in seiner Bibelübersetzung versucht, diesen Klangcharakter einigermaßen zu erhalten:

»Glaubet ihr nicht, so bleibet ihr nicht.«

Auch in anderen Bibelübersetzungen, wie zum Beispiel der Martin Bubers, findet sich noch etwas von diesem Charakter:

»Vertraut ihr nicht, bleibt ihr nicht betreut.«

In wieder anderen, wie der Elberfelder Bibel, ist diese Tatsache fast spurlos verschwunden:

»Wenn ihr nicht glaubet, werdet ihr, fürwahr, keinen Bestand haben!«

Bei solchen Texten ist es der Mühe wert, sich eine Zeit lang in die ursprüngliche Form zu vertiefen; manchmal ist es einem, als werde man von den Worten und dem Rhythmus wie auf Flügeln getragen. Für jede Wortmeditation gilt, dass man sich die Worte gewissermaßen ›zusprechen‹ lassen muss, das heißt, man kann sich den Text mehr lauschend als sprechend zu eigen machen.

»So sollen wir also die Meditationsworte in unserer Seele leben lassen, ohne darüber zu grübeln; wir sollen vielmehr den geistigen Inhalt der Worte gefühlsmäßig zu erfassen versuchen, uns ganz damit durchdringen. Es liegt die Kraft dieser Worte nicht nur im Gedanken, der sich darin ausdrückt, sondern auch im Rhythmus und Klang der Worte. Den sollen wir erlauschen, und wenn wir jedes Sinnliche dabei ausschließen, können wir sagen, wir sollen im Ton der Worte schwelgen. Dann tönt die geistige Welt in uns hinein. Weil es so sehr auf den Wortklang ankommt, so kann man eine Meditationsformel nicht ohne Weiteres in eine fremde Sprache übersetzen. Das, was wir an Meditationsformeln in deutscher Sprache bekommen haben, ist auch direkt für uns so aus der geistigen Welt herabgeholt worden. Jede Formel, jedes Gebet hat in seiner Ursprache die größte Wirkung.«[37]

So hat auch das Vaterunser in seiner ursprünglichen Sprache, dem Aramäischen (der Sprache, die Jesus Christus sprach), eine ganz außerordentliche Wirkung. Etwas davon ist noch in der griechischen Sprache bemerkbar, in welcher das Neue Testament geschrieben ist.

Die geniale Sozialistin und Atheistin Simone Weil, die durch spontane religiöse Erfahrungen ihren Unglauben überwand, übte eine Zeit lang täglich das Vaterunser auf Griechisch. Sie lernte es auswendig und sprach es am Morgen und während ihrer täglichen Arbeit als Traubenpflückerin. Die Kraft dieser Übung sei außergewöhnlich gewesen, und obwohl sie es jeden Tag erfahre, übertreffe es jedes Mal ihre Erwartungen. Während sie es spreche und in anderen Augenblicken sei Christus in eigener Person gegenwärtig, mit einer unendlich viel wirklicheren, klareren und liebevolleren Gegenwart als beim ersten Mal, als Er sie ergriffen habe.

Beim Vaterunser haben wir es jedoch mit einem Gebet zu tun, dessen Wirkung auch mit anderen Faktoren als nur dem Klang und dem Rhythmus zusammenhängt. Rudolf Steiner benutzt hierfür den Ausdruck »Gedanken-Mantram«. Und je weiter wir uns westwärts und zu den späteren Formen von Gebet und Meditation bewegen, umso stärker beginnt dieses gedankliche Element, eine Rolle zu spielen. Heute ist der suggestive Charakter eines Mantrams stärker in den Hintergrund getreten. Wir wollen *verstehen*, was wir lesen – um dann von den Begriffen aus zu den tieferen Schichten eines Textes vorzudringen. Auch das Denken, an das in unserer westlichen Kultur ständig appelliert wird, muss Bestandteil unserer geistigen Entwicklung werden. Wenn dies nicht geschieht, beginnt es, ein Eigenleben zu führen. Wenn dagegen bei bestimmten Meditationsschulungen in endloser Wiederholung beispielsweise Sanskrittexte rezitiert werden müssen, die keiner der Ausführenden versteht, wird das Gebiet des Denkens ausgeklammert, das heute in das meditative Leben gerade integriert werden muss. Damit entsteht eine Kluft zwischen dem ausgeschalteten Denken (das im Alltagsleben fortwährend zu funktionieren hat) und dem restlichen Seelenleben, ja sogar ein Konflikt. Es geht jedoch gerade darum, dass *alle* Seelenkräfte mobilisiert werden, um als ›vollständiger Mensch‹ die Meditation zu verrichten.

Die Wortmeditation kann auf Dauer vom Wort, das aufgenommen und verstanden wurde, zu den Klängen, dem Rhythmus, der ›Musik‹ der Sprache – und schließlich dann zur innerlich hörbaren Inspiration führen. Denn echte Wortmeditationen sind von Eingeweihten gleichsam aus der geistigen Welt abgelesen, die in den Worten mitschwingt. Sie sind bis zu einem gewissen Grade von der geistigen Welt, die in den Worten mitschwingt, ›diktiert‹. So ist es möglich, einen Text wörtlich auf der ›anderen Seite‹, in der geistigen Welt, aufs Neue zu hören – aber nun so, wie er von hohen geistigen Wesen ausgesprochen wird. In diesem Moment erhalten dieselben Worte einen nie gekannten Inhalt und Klang. Wer das jemals erlebt hat, spricht künftig solche Worte mit heiliger Ehrfurcht aus, weil er weiß, welche Kräfte sich damit verbunden haben.

Von Bildmeditationen können wir sagen, dass sie von einer äußeren Wahrnehmung (beispielsweise des Kreuzes) zu einer Vorstellung oder einem Bild führen. Auch hier wurden die Meditationen aus der geistigen Welt abgelesen, und zwar durch *Imaginationen* (so wie die Wortmeditation aus der *Inspiration* stammt). Indem wir uns mit allen Seelenfähigkeiten längere Zeit solchen Bildmeditationen widmen, gelangen wir schließlich in das Gebiet der Imagination.

Im Leben Christi hat jedes äußere Ereignis zugleich den Charakter einer Imagination. Die Kreuzigung ist eine physische Handlung, die wir uns gar nicht konkret genug vorstellen können. Wenn wir zum Beispiel einige Zeit vor dem Isenheimer Altar des Matthias Grünewald im Unterlinden-Museum in Colmar verbringen, gelangen wir durch die äußerst realistische malerische Wiedergabe der Kreuzigung zu einem Eindruck, der bis in die Leiblichkeit fortwirken kann. Es ist tatsächlich ein Bild, das sich ›in unsere Netzhaut einbrennt‹. Manche Menschen halten diesen Anblick nicht aus und ›flüchten‹ auf die andere Seite der Tafel, wo Geburt und Auferstehung dargestellt sind. Deren Wirkung stellt sich jedoch erst dann ein, wenn man sich einige Tage Zeit nimmt und in das Bild vertieft. (Ursprünglich wurde der Isenheimer Altar als therapeutisches Mittel benutzt: Kranke wurden vermutlich sogar wochenlang immer wieder der Darstellung der Kreuzigung ausgesetzt. Die beiden anderen Tafeln wurden nur an hohen Festtagen wie Weihnachten und Ostern geöffnet, an denen man die Darstellung der Geburt und der Auferstehung zu sehen bekam.)

Das Bild der Kreuzigung ist nicht nur irdische Wirklichkeit, sondern es ist auch in die geistige Welt ›eingeschrieben‹. So konnte der Mystiker Franziskus von Assisi die Imagination des Gekreuzigten sehen, so (im wahrsten Sinne) beeindruckend, dass bei ihm während seiner Schau spontan die Stigmata an Händen und Füßen auftraten. Von verschiedenen Mystikern wie zum Beispiel Anna Katharina Emmerich ist bekannt, dass sie auf diesem Weg der Imagination das gesamte Leben Jesu Christi genauestens nachvollziehen konnten – manchmal sogar detaillierter, als es die Evangelien beschreiben.

Der Weg, den wir heute gehen können, besteht aus einem intensiven Aufnehmen der Bilder (zum Beispiel der Ereignisse im Umkreis der Kreuzigung), ihrem ›Nachmalen‹ in der eigenen Vorstellung, und vor allem: indem wir unsere Erfahrungen, die an dem Kreuz entstehen, das wir selbst tragen müssen, mit diesen großen Bildern verbinden. Wenn wir unter einer Last zusammenzubrechen drohen, so hilft es, wenn wir den oben beschriebenen Weg gehen und uns selbst ›unter das Kreuz auf Golgatha‹ stellen. Das können wir in unserer Vorstellung auch mit einem anderen zusammen tun, der ebenfalls ein schweres Los zu tragen hat.

Ein altes Sprichwort, das Christus zugeschrieben wird, sagt: »Gib mir deine Last – und nimm mein Kreuz.«

4   Gebet und Meditation

> Je höher die Erkenntnis, desto frommer wird sie,
> denn Anbetung ist der einzig mögliche
> Umgangston mit göttlicher Wirklichkeit.
> *Rudolf Frieling*[38]

Zwischen Gebet und Meditation besteht eine Reihe gravierender Unterschiede. Wenn wir sie miteinander vergleichen, gelangen wir zu einer vertieften Erkenntnis der jeweiligen Eigenart der beiden. Auf diesem Gebiet ist es wichtig, klar zu unterscheiden – damit zwischen den beiden auch eine Wechselwirkung entstehen kann. Wer sich nur in der Grauzone zwischen Meditation und Gebet befindet, dem entgeht diese Möglichkeit einer Wechselwirkung.

- In der Meditation steht eine Vorstellung, ein Bild oder ein Text im Mittelpunkt. Diese werden allmählich transparent für eine bestimmte Wirkung aus der geistigen Welt. Im Gebet steht Gott im Mittelpunkt.
- Wenn wir Meditationstexte Rudolf Steiners auf die verwendeten Personalpronomen hin betrachten, kann auffallen, wie häufig er die Worte »es« oder »er« benutzt. Wir wenden uns an eine objektive Tatsache – häufig in der indirekten Rede. Das Gebet dagegen verwendet fast immer das Personalpronomen »du«, mit dem wir uns an ein Wesen richten, das wir persönlich in direkter Rede ansprechen.
- Wir können dies noch nuancieren: Für die Meditation bedarf es eines Bewusstseins, mit welchem wir in der Lage sind, uns aus unserer Subjektivität zu befreien und uns selbst ›über die Schulter

zu blicken«. Der deutsche Dichter Christian Morgenstern benutzt hierfür die treffende Formulierung: »Ich schaut mir zu.«[39]
- Im Gebet lautet die Geste: Ich wende mich an Dich.
- In der Meditation dürfen wir uns selbst niemals ausklammern. Alles geht vom Ich aus.
- Im Gebet dürfen wir uns vergessen. Alles wendet sich an das große »Du«.

In gewissem Sinne können wir auch sagen, dass Meditation und Gebet sich zueinander verhalten wie Licht und Wärme. Doch hier sind wir bereits in dem Gebiet, in dem die beiden ineinander übergehen können – so wie Licht meistens auch Wärme verbreitet und umgekehrt.

- Die Wärme des Gebetslebens entsteht durch bedingungslose Hingabe an den Willen der Gottheit: »Dein Wille geschehe« ist der Ausgangspunkt jedes echten Gebetes. In dem Vortrag »Das Wesen des Gebetes« deutet Steiner diese wichtige Gebetsstimmung mit folgenden Worten an: »Was auch kommt, was mir auch die nächste Stunde, der nächste Morgen bringen mag, ich kann es zunächst, wenn es mir ganz unbekannt ist, durch keine Furcht und Angst ändern. Ich erwarte es mit vollkommenster innerer Seelenruhe, mit vollkommener Meeresstille des Gemütes. [...] Durch Angst und Furcht wird unsere Entwickelung gehemmt; wir weisen durch die Wellen der Furcht und der Angst das zurück, was in unsere Seele aus der Zukunft herein will. [...] Hingabe an das, das man göttliche Weisheit in den Ereignissen nennt; hervorrufen in sich selber immer wieder den Gedanken, die Empfindung, den Impuls des Gemütslebens, dass das, was da kommen werde, sein muss und dass es nach irgendeiner Richtung seine guten Wirkungen haben müsse: Das Hervorrufen dieser Stimmung in der Seele und das Ausleben dieser Stimmung in Worten, in Empfindungen, in Ideen – das ist die zweite Art der Gebetsstimmung, die des Ergebenheitsgebetes.«[40]

Von Blaise Pascal wurde ein Gebet bekannt, das diese bedingungslose Hingabe auf besonders reine und überraschende Weise in Worte kleidet:

Vater im Himmel,
ich bitte dich weder um Gesundheit noch um Krankheit,
weder um Leben noch um Tod,
sondern darum, dass du über meine Gesundheit
und meine Krankheit und meinen Tod verfügst
zu deiner Ehre und zu meinem Heil.
Du allein weißt, was mir dienlich ist.
Du allein bist der Herr,
tue, was du willst.
Gib mir,
nimm mir,
aber mache meinen Willen dem deinen gleich.
Amen.

- Während das Gebet von der Willenshingabe ausgeht, ist der Ausgangspunkt für die Meditation eine ganz klare Vorstellung, eine geistige Erkenntnis, die in Textform gegossen ist, oder ein Gedanke. Doch hier können wir nicht weiter in Gegensätzen denken. So wie die klare Vorstellung, von der eine Meditation ihren Ausgang nimmt, mit Gemütskräften versetzt wird und schließlich in eine Stimmung der Ehrfurcht und der Devotion einmünden kann, so kann ein Gebet aus den Tiefen des ›Einwilligens‹, des Sich-Richtens nach dem Willen der Gottheit sich ebenfalls mit starken Gemütskräften verbinden – und in einen meditativen Augenblick münden.

Hier beginnt ein Gebiet, in dem wir die beiden Wege miteinander kommunizieren lassen können. Denn Meditation und Gebet können einander unendlich viel geben, wenn sie in die rechte Wechselwirkung miteinander gebracht werden. Ich möchte es noch drastischer formulieren: Wenn dies nicht geschieht, besteht die Möglichkeit, dass auf Dauer das Gebet (bzw. die Meditation) ›ausgehöhlt‹ wird.

Wenn wir Jahr für Jahr, Tag für Tag das Vaterunser beten, ohne uns die Worte zu vergegenwärtigen, entsteht ein rein mechanisches Gebet. Leider geschieht dies nur allzu oft: Das Gebet verflacht und wird möglichst schnell heruntergeleiert. Auf Dauer ist die Größe der einzelnen Worte und Sätze dann nicht mehr im Bewusstsein. Das ist meines Erachtens einer der Hauptgründe dafür, weshalb Menschen heute nicht mehr beten können: Die Worte haben keine Bedeutung mehr. Im Laufe der Jahre habe ich selbst Folgendes versucht: Ich vertiefte jedes Wort, indem ich, bevor ich das Gebet sprach, kurz dabei verweilte.

Mit wem zusammen spreche ich beispielsweise das Wort »unser«?

- Habe ich versucht, das Vaterunser zusammen mit jemandem zu sprechen, mit dem ich in einem Konflikt stehe? Das braucht nicht äußerlich und direkt zu geschehen, aber ich kann versuchen, mir die Person, mit der ich im betreffenden Moment gerade Schwierigkeiten habe, vorzustellen und danach für sie, mit ihr das Gebet zu sprechen.
- Habe ich versucht, das Vaterunser zusammen mit Christus zu sprechen? Es sind seine eigenen Worte; ich darf mir vorstellen, dass er neben mir steht und jeden Satz, jedes Wort mit mir mitspricht. Dies ist vielleicht das allerwirksamste Mittel, das Gebet zu pflegen. Anstatt alle Sätze der Reihe nach und ohne Unterbrechung zu sprechen, können wir nach dem Aussprechen eines Satzes auch eine Pause machen und versuchen, innerlich zu vernehmen, wie Christus diese Worte spricht – um sie erst dann selbst auszusprechen.

- Habe ich versucht, das Vaterunser zusammen mit einem teuren Verstorbenen zu sprechen? Wer dies versucht, wird bemerken, dass jeder Satz noch eine andere Bedeutung hat, als wir gewöhnlich vermuten. Auch die Verstorbenen benötigen beispielsweise ihr »täglich Brot« – doch in Form geistiger Nahrung. *Panem angelicum*, Engelsbrot nannte man das früher.

Die drei genannten Beispiele für die Vertiefung des Wortes »unser« sind bei Weitem nicht vollständig, doch sie können vielleicht eine Andeutung einer möglichen Arbeitsweise vermitteln. So können wir versuchen, nur bereits das eine Wörtchen »unser« zu erweitern und eine Vorstellung seiner immensen Reichweite gewinnen.

Von hier aus ist es nur noch ein relativ kleiner Schritt zum Meditieren des Vaterunsers. Jedes Wort, jeder Satz wird im Herzen bewegt, erhält eine eigene Farbe und Kontur – und fügt dem scheinbar bekannten Gebet ungeahnte Tiefendimensionen hinzu. Ich habe im Laufe der Jahre dasselbe mit der griechischen Form des Vaterunsers versucht. Hierdurch und zweifellos auch durch andere Übersetzungen ist eine weitere Bewusstseinserweiterung möglich.

Auch die Meditation kann, wenn das Gebet daneben gepflegt wird, eine große Bereicherung erfahren. Insbesondere die Frage: »Für wen tue ich das eigentlich?«, wird durch ein aktiv gepflegtes Gebetsleben ganz konkret. Darum haben alle großen Mystiker immer beide Disziplinen gepflegt. Im Tagebuch von Dag Hammarskjöld kommt auch, neben den Früchten eines intensiven Meditationslebens, das Gebet zur Sprache.

Anhand einiger Zitate aus diesem Tagebuch versuche ich, diese beiden Stimmungen zu illustrieren.

Meditation

Ich bin das Gefäß. Gottes ist das Getränk. Und Gott der Dürstende.

Frei sein, aufstehen und alles zu lassen – ohne einen Blick zurück. Ja zu sagen.

Ja sagen zum Leben heißt auch, Ja sagen zu sich selbst. Ja – auch zu der Eigenschaft, die sich am widerwilligsten umwandeln lässt von Versuchung zu Kraft.

Du bist nicht Öl noch Luft – nur der Verbrennungspunkt, der Brennpunkt, wo das Licht geboren wird.
Du bist nur die Linse im Lichtstrom. Nur so kannst du das Licht entgegennehmen und geben und besitzen.
Suchst du dich selbst in »deinem eigenen Recht«, so verhinderst du die Vereinigung von Luft und Öl in der Flamme, raubst der Linse ihre Durchsichtigkeit.
Weihe – Licht oder im Licht zu sein, vernichtet, damit es entstehe, vernichtet, damit es sich sammle und verbreite.

Du sollst das Leben kennen und von ihm erkannt werden nach dem Maß deiner Durchsichtigkeit – das heißt nach dem Maß deines Vermögens, als Ziel zu verschwinden und als Mittel zu bleiben.

Zeichen am Weg, 7. April 1953

Gebet

Erbarme dich unser.
Erbarme dich
unseres Strebens,
dass wir vor dir
in Liebe und Glauben
Gerechtigkeit und Demut
dir folgen mögen
in Selbstzucht und Treue und Mut
und in Stille dir begegnen.

Gib uns
reinen Geist,
damit wir dich sehen,
demütigen Geist,
damit wir dich hören,
liebenden Geist,
damit wir dir dienen,
gläubigen Geist,
damit wir dich leben.

Du,
den ich nicht kenne,
dem ich doch zugehöre.
Du,
den ich nicht verstehe,
der dennoch mich weihte
meinem Geschick.
Du –

Zeichen am Weg, 19. Juli 1961

5   Kultus und Meditation

Neben dem Vergleich der Meditation mit dem Gebet möchte ich hier einen Vergleich mit dem Kultus anstellen, weil auch dadurch das Wesen der Meditation noch stärker herausgearbeitet werden kann. Auch auf diesem Gebiet herrscht manchmal eine gewisse Begriffs- und Sprachverwirrung: als wäre der Kultus eine Gemeinschaftsmeditation und als könnten wir als Einzelne den Kultus mit demselben Resultat meditieren, als nähmen wir aktiv an ihm teil.

Wir sahen bereits, dass jede echte Meditation vom Ich ausgeht (»Ich schaut mir zu«). Meditation ist *per definitionem* ein einsamer Weg, auf dem wir häufig ganz auf uns selbst gestellt sind. In den Zusammenkünften, während derer Steiner mit kleinen Menschengruppen an geistiger Schulung arbeitete, sprach er in diesem Zusammenhang auch von einer »kalten Einsamkeit«, und er nannte den Weg der Meditation den »Winterweg«.[41]

Im Kultus dagegen handelt es sich unter allen Umständen um einen gemeinschaftlichen Weg, um das »Wir«. Auch hier können wir, wie auch beim Gebet (dem Vaterunser), von einer gemeinsamen Form sprechen, durch welche geistige Wärme erfahren wird. Dementsprechend nennt Rudolf Steiner diesen Weg auch den »Sommerweg«.

In der Meditation handelt es sich um einen geistigen Inhalt, der sich langsam und allmählich mit der Seele verbindet. Die eigenen Seelenkräfte werden durch jahrelange Übung zum Organ für die geistige Wirklichkeit umgewandelt.

Im Kultus handelt es sich nicht nur darum, dass sich ein Inhalt mit der Seele verbindet, sondern auch mit der sichtbaren Wirklichkeit. In seinen Vorträgen für Ärzte und Priester formuliert Rudolf

Steiner einmal lapidar: »Das geistig Wesenhafte geschieht im Kultus auf sinnenfällige Art.«[42]

Von alters her hat man dies, wenn man einen christlichen Kultus vollzog, gewusst. Bereits im Mittelalter finden wir klassische Definitionen dieser Tatsache: »Das Wort verbindet sich mit dem Element und dadurch entsteht das Sakrament« (*Verbum accedit ad elementum et fit sacramentum*). Im christlichen Kultus wird das gesprochene Wort mit spezifisch kultischen Elementen verbunden: Weihrauch, Wein und Brot; Wasser; Öl; Salz und Asche. (In den Sakramenten der Christengemeinschaft werden diese sieben Substanzen gebraucht.) Auch die ursprüngliche Bedeutung des Wortes Kultus weist in dieselbe Richtung: zur Erde. Das lateinische Wort *colere*, von dem unser Wort Kultus abgeleitet wurde, bedeutet: die Erde bearbeiten. Dies ist die ursprüngliche und immer noch umfassendste Bedeutung aller Kultusformen. Sie sind nicht nur für die jeweils Anwesenden bestimmt, die in diesem Moment den Kultus mitvollziehen, sondern auch für die Erde. Es würde an dieser Stelle zu weit führen, diese grundlegende Tatsache weiter auszuführen. Ich muss mich hier mit Hinweisen auf Literatur zu diesem Thema begnügen.[43]

Ein anderer auffallender Unterschied zwischen Kultus und Meditation liegt in der jeweiligen Dynamik der beiden. Während eine Meditation nur dann zustande kommt, wenn man bei einem Wort, einem Satz oder Bild verweilt, geht es in der kultischen Handlung um einen fast ununterbrochenen Strom von Worten und Bildern. Es bleibt nicht einmal Zeit, während einer Kultushandlung zu meditieren!

Neben den genannten Unterschieden zwischen Meditation und Kultus lassen sich auch gewisse Übereinstimmungen entdecken. Der Weg der Einweihung, zu der die Meditation führt, ist schon im Altertum in vier Etappen gegliedert:

- **Katharsis** (Läuterung)
  Dieses Stadium, das mit dem äußeren oder ›großen‹ Vorhof des salomonischen Tempels verglichen werden kann, besteht aus der Vorbereitung auf die eigentliche Meditation. Die nachfolgenden drei Stadien, die auch als *Photismus* (Erleuchtung) bezeichnet werden, lassen sich folgendermaßen voneinander unterscheiden:

- **Imaginationen**
  Die geistige Welt wird in Bildern ›sichtbar‹ für das geistige Auge.

- **Inspiration**
  In diesem Stadium wird die geistige Welt für das innere Ohr ›hörbar‹. Hierbei wird aus dieser Welt zum Menschen gesprochen – doch es ist auch möglich, dass diese Welt in Tönen erklingt. Das ist dasjenige, was man von alters her als die »Harmonie der Sphären« bezeichnete. In der Schule des Pythagoras zum Beispiel mussten die Schüler eine Schweigeperiode durchlaufen, die fünf Jahre dauerte, um das innere Ohr für diese Sphärenmusik zu entwickeln.

- **Intuition**
  Schließlich kann der Mensch auf dem Einweihungsweg zu einer Wesensbegegnung mit der geistigen Welt gelangen. Sie kleidet sich dann nicht in geistige Bilder oder Klänge, sondern es kommt zu einer geistig ›tastbaren‹ Berührung: der Intuition. In diesem Stadium ist ein vollständiges Kommunizieren mit den Wesen aus dieser Welt möglich.

Auch der Weg des christlichen Kultus kennt vier solche Stadien, die eine deutliche Verwandtschaft mit den soeben genannten aufweisen.

- **Evangelium**
  In der ›Architektur‹ des Kultus kann man gleichfalls noch den ›äußeren Vorhof‹ des alten Tempels erkennen. An diesem ersten

Teil konnte in der Zeit des Urchristentums jedermann teilnehmen, während den drei darauf folgenden Teilen nur von denjenigen beigewohnt werden durften, die getauft waren. In diesem Teil wirkt das Wort des Evangeliums wie eine Katharsis.

- **Opfer**
  Wie sich im alten Tempel der Brandopferaltar im ›inneren Vorhof‹, dem zweiten Teil des Tempels, befand, so besteht auch der zweite Teil des christlichen Kultus aus einem Opfer. Hier werden Handlungen gezeigt, die die geistige Wirklichkeit ›sichtbar‹ machen, zum Beispiel das Ausgießen von Wein und Wasser in den Kelch, das Emporheben des Kelchs, die Räucherung des Altars, das Erheben der Hände.

- **Transsubstantiation oder Wandlung**
  In diesem Stadium gibt es kaum sichtbare Handlungen. Hier steht das gesprochene Wort im Mittelpunkt. In den so genannten Einsetzungsworten erklingen aufs Neue die Worte Christi, die er während des letzten Abendmahls zu seinen Schülern sprach. Die geistige Welt ›klingt‹.

- **Kommunion**
  Schließlich wird die Begegnung mit der Welt des Christus zu einer tastbaren Erfahrung ›verdichtet‹, wenn die Gemeinde das Mahl von Brot und Wein und den Friedensgruß empfängt, mit der tastbaren Berührung der Hand auf dem Angesicht.

An dieser Stelle scheint es, als ginge der Vergleich mit der Einteilung des salomonischen Tempels nicht mehr auf. In Wirklichkeit jedoch kennt dieser Tempel nicht drei, sondern vier Aktionsorte, die exakt mit der entwickelten Vierheit übereinstimmen.

Tempel von Salomo

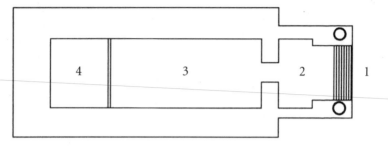

1 Der äußere oder große Vorhof war für das Volk bestimmt (entspricht Teil I: Verkündigung, Katharsis).
2 Der innere Vorhof war für die Priester bestimmt. Hier stand der bronzene Brandopferaltar (entspricht Teil II: Opferung).
3 Das Heilige. Hier befanden sich der goldene Rauchopferaltar, die goldenen Kandelaber und die Tische mit den Schaubroten (entspricht Teil III: Transsubstantiation von Brot und Wein).
4 Das Allerheiligste, wo ursprünglich die Bundeslade stand. An dieser Stelle wurde jedes Jahr am großen Versöhnungstag der heilige Gottesname ausgesprochen (entspricht Teil IV: Kommunion; Einswerdung mit Gott).

Auch Kultus und Meditation brauchen einander nicht auszuschließen, wie es sich bereits zuvor beim Vergleich von Meditation und Gebet zeigte. Sie können unmöglich zur gleichen Zeit ausgeübt werden – doch sie können sich durch ihre Eigenart gegenseitig ergänzen. Wenn Steiner diese beiden Formen als Sommer- bzw. Winterweg charakterisiert, dringt hier bereits etwas von der möglichen Wechselwirkung in dieser Formulierung hindurch. Jahreszeiten sind glücklicherweise keine bleibende Erscheinung, sondern sie wechseln sich ab! So auch im Vergleich des »kalten einsamen Weges« mit dem in Gemeinschaft zu gehenden Weg des Kultus. Abgesehen von denen, die ein Leben als ›ewiger Einsiedler‹ oder als ›Gemeinschaftstier‹ führen, gilt für die meisten Menschen doch, dass sie beide Formen des Menschseins, allein und in der Gemeinschaft, praktizieren. Als kurz nach der Begründung der Christengemeinschaft Gottfried Husemann, einer der Pioniere der Bewegung, Rudolf Steiner in einem persönlichen Gespräch nach dem gegenseitigen Verhältnis von Kultus und Meditation fragte, antwortete dieser: »Was im Geiste unterschieden werden muss, ist im Menschen dann wieder eine Einheit.«

6   Meditationen für Verstorbene

> Wenn man die Stimmung zur Meditation
> nicht mehr finden kann, so soll man
> sich an die Gestorbenen wenden.
> *Albert Steffen*[44]

Wie dieses Zitat schon andeutet, vermittelt die meditative Verbindung mit Verstorbenen nicht nur einen Zugang zu diesen selbst, sondern häufig auch zur eigentlichen Meditation. Auf diesem Gebiet kann man aus ganz elementaren, grundsätzlichen Gefühlen der Verbundenheit in das Gebiet der Meditation gelangen. Sie sind sogar eine Bedingung, um in eine reale Wechselwirkung mit den Verstorbenen zu treten.

Bevor ein konkreter Meditationsinhalt an der Reihe ist, ist es notwendig, von teuren Erinnerungen und Vorstellungen über den Verstorbenen ausgehend zu einem Bild des Verstorbenen zu gelangen, an den man sich wendet. Können Sie sich die Person noch vorstellen, wie sie während ihres Lebens war? Wie klang ihre Stimme? Wie lief sie, wie bewegte sie sich? Bei welchen Erinnerungen sehen wir sie wieder ganz vor uns? Gab es Momente, in denen sie über sich hinauswuchs, wo etwas von der Entelechie, des Ewigen im Menschen zum Vorschein kam? Von der letzten abgesehen klingen die genannten Fragen doch ziemlich irdisch und konkret. Dennoch sind sie während einer langen Zeit nach dem Tod ein Anknüpfungspunkt, weil der Verstorbene während des so genannten Kamaloka – der Läuterungsperiode, die notwendig ist, um sich dem irdischen Leben zu ›entwöhnen‹ – auf sein irdisches Leben zurückblickt und alles noch einmal aus einer anderen Perspektive durchlebt. Herbert

Hahn illustriert diese Vorbereitung auf den Meditationsinhalt durch ein persönliches Beispiel:

»Ich hatte schon vor vielen Jahren meinen Vater verloren, als ich zum ersten Mal von der Möglichkeit, solche Meditationen zu machen, hörte. Ich begann nun, für meinen Vater zu meditieren. Nachdem ich es einige Zeit getan hatte, wurde ich im Sinne der hier gemeinten Vorbereitung auf die folgende Situation geführt: In dem Lande, in dem ich meine Kindheit und den ersten Teil meiner Jugendzeit zubrachte, waren damals Taschenuhren noch eine große Seltenheit. Knaben erhielten meist erst zu ihrer Konfirmation eine Uhr. Und die Konfirmation erfolgte dortzulande noch besonders spät. Meist erst für die Sechzehn- oder Siebzehnjährigen. Als ich dreizehn Jahre alt war, hatte ich am Ende eines Schuljahres ein besonders gutes Zeugnis heimgebracht. Mein Vater beschloss, mir eine Freude zu machen. Er ließ unter recht schwierigen Zollbedingungen und sonstigen Umständlichkeiten eine schöne Omega-Uhr kommen. An einem Sommer-Nachmittag, als ich gerade vor einem großen Jasminstrauch stand, kam er auf mich zu und hielt die Uhr in der Hand. In jedem seiner Züge, besonders aber in den braunen Augen, stand die Freude, Freude zu machen, geschrieben. Und meine eigene Freude war wirklich so groß, dass ich sie schier nicht fassen konnte. [...] Dies Bild hat sich mir fürs Leben eingeprägt. Als ich es schon eine Weile verwendet hatte, bekam ich leise Zweifel, ob es nicht zu alltäglich sei. Vielleicht sollte ich eine ›höhere‹, ›spirituellere‹ Erinnerung aufnehmen? So fragte ich das eines Tages Rudolf Steiner. Mit aller Güte und allem Nachdruck zerstreute er meine Zweifel: ›Ja, ja – sagte er – gerade solche aus dem vollen Leben gegriffene Bilder, *das* sind die besten.‹«[45]

Auch hier geht es also, wie bereits beschrieben, um eine Art von Malen in »kräftigen Farben«, um eine starke Gemütsbewegung. Solche Gemütsbewegungen bilden eine Brücke zum Verstorbenen hin, der selbst in diesem Element (auch als die Astralwelt bezeichnet) lebt.

Unsere abstrakten Gedanken haben für Verstorbene keinerlei Bedeutung, doch in unseren Gemüts- und Willensbewegungen sind sie in gewisser Weise in ihrem Element: »Wir können nichts fühlen, ohne dass in der Sphäre, in der wir fühlen, die Toten anwesend sind, nichts wollen, ohne dass in der Sphäre, in der wir wollen, die Toten ebenfalls anwesend sind.«[46]

Wenn wir uns in diesem Stadium mit einer gewissen Offenheit und Empfänglichkeit, ohne auf unseren eigenen Schmerz und unsere Trauer blind zu starren, an den Verstorbenen wenden, können wir häufig bereits etwas von seiner Teilnahme und seiner Gegenwart spüren. In diesem offenen ›Gemütsraum‹ wird jetzt dem Verstorbenen ein meditativer Inhalt mitgeteilt, wie er zum Beispiel im folgenden Spruch gegeben ist:

Meine Liebe sei den Hüllen,
die dich jetzt umgeben,
kühlend deine Hitze,
wärmend deine Kälte,
opfernd einverwoben.
Lebe liebgetragen,
lichtbeschenkt
nach oben!

Der Verstorbene muss während des so genannten Kamaloka sich der irdischen Erfahrungen ›entwöhnen‹. Während des Lebens auf der Erde haben wir Erfahrungen gemacht, die im Leben nach dem Tod nicht mehr fortgesetzt werden können. Unsere irdischen Bedürfnisse, Wünsche und Begierden können nicht mehr erfüllt werden. Eigentlich wissen wir das schon im Voraus und wir glauben denjenigen, die uns einen bequemen Lehnstuhl mit Bedienung in Aussicht stellen, nur halb. Als Martin Luther King seinen schwer geprüften Schicksalsgenossen gegenüber ausmalte, dass im Himmel ein reich gedeckter Tisch für jeden bereit stehe, der auf der Erde sein Möglichstes getan habe, murrte einer der enttäuschten Kirchgänger: »Und dann können wir sicher wieder den Abwasch machen ...«

Was während des Erdenlebens brennende Begierde, glühende Leidenschaft, eisiger Hass, kalte Lieblosigkeit war, das wird im Leben nach dem Tode zu einer Erfahrung der Seele, die sich nicht ›ausleben‹ kann, sondern sich in etwas ›einleben‹ muss, das wir, in unsere Sprache übersetzt, als ›Seelen-Hitze‹ und ›Seelen-Kälte‹ bezeichnen können. In einem verzerrten, irdisch gewordenen Bild hat man dies früher durch zwei unterschiedliche Vorstellungen ausgedrückt: das Fegefeuer und das Eis. In der Schweiz berichten manche Volkserzählungen, dass die Verstorbenen im Gletschereis gefangen sind.[47] So ist es natürlich nicht, doch es ist ein irdischer Vergleich mit einem geistigen Prozess in der Seele des Verstorbenen. Es ist für den Verstorbenen auch keine ›Strafe‹ nach unserem Verständnis. In diesem Stadium *will* der Verstorbene nichts anderes, als diese Entbehrungen durchmachen, um sich allmählich für andere Aufgaben frei zu machen.[48] In diesen Entbehrungen und Entwöhnungserfahrungen können wir, die Lebenden, sehr viel für den Verstorbenen bedeuten. Die beste ›Nahrung‹ für den Verstorbenen ist unsere selbstlose Liebe. Echte Liebe hält die Mitte zwischen »glühender Leidenschaft« und »eisiger Distanz«. Diese Liebe ist fast das Einzige, was wir ungehindert mit in das Leben nach dem Tod nehmen können, aber auch beinahe das Einzige, womit wir den Verstorbenen erreichen können. »Denn stark wie der Tod ist die Liebe«, sagt das Hohelied Salomos (8,6).

Hier kehrt nun in einem ungewöhnlichen Sinn des Wortes der Ausdruck vom »reich gedeckten Tisch« zurück. Rudolf Steiner sprach von festlichen Augenblicken im Leben der Verstorbenen: »In ergreifender Weise hat Rudolf Steiner erzählt, wie wir durch solche Meditationen, ja durch unsere meditative Tätigkeit überhaupt für die Verstorbenen Tag für Tag einen Tisch decken.«[49] Die Liebe ist die eigentliche Nahrung, das Lebens-Mittel, womit wir den Verstorbenen die Entbehrungen erträglich machen können.

Auch wenn die Zeit des Kamaloka (das ungefähr ein Drittel der Jahre ausmacht, die der Verstorbene auf der Erde lebte) vorbei ist, können wir im oben genannten Sinn für und mit dem Verstorbenen arbeiten. Es gibt meines Wissens nur einen Meditationsinhalt, der für diese spätere Zeit gegeben wurde, im Gegensatz zu den vielen Sprüchen, die für die erste Periode im Leben nach dem Tode gegeben worden sind. In diesem Spruch wird in drei Phasen das gesamte nachtodliche Leben bis zur so genannten »weltenmitternächtlichen Stunde« beschrieben, dem Moment, in welchem der Übergang zur Vorbereitung auf die nächste, neue Inkarnation beginnt:

Es empfangen Angeloi, Archangeloi, Archai
im Ätherweben
das Schicksalsnetz
des (der) ... (Namen der Verstorbenen).
Es verwesen in Exsusiai, Dynamis, Kyriotetes
im Astralempfinden des Kosmos
die gerechten Folgen
des Erdenlebens
des (der) ...
Es auferstehen in Thronen, Cherubinen, Seraphinen
als deren Tatenwesen
die gerechten Ausgestaltungen
des Erdenlebens
des (der) ...

Alle Hierarchien werden in diesem Spruch namentlich genannt. Wie ein Kind der Sorge seiner Eltern und Erzieher anvertraut wird, so kommt das ›Neugeborene‹ in der geistigen Welt in die Obhut hoher hierarchischer Wesen, die ihm helfen wollen, die Folgen des Erdenlebens zu durchlaufen, in Übereinstimmung mit der karmischen Gerechtigkeit, die im nächsten Leben zum Ausdruck kommen wird. Doch in der ganzen Zeit des Lebens nach dem Tode können wir dank der Kraft der Liebe ein unauflösliches Band mit dem Verstorbenen schaffen.

Auch hier gibt es ein konkretes und wirksames Hilfsmittel, um den Umgang mit den Verstorbenen zu einer echten Wechselwirkung zu gestalten. Ein günstiger Moment für die oben genannten Meditationen ist der Abend, kurz vor dem Einschlafen. Nicht nur kann man in solchen Momenten den Verstorbenen etwas mitteilen, sondern man kann ihnen – jedenfalls wenn dies in einer Atmosphäre selbstloser Liebe geschieht – auch Fragen stellen. Wir wissen von tiefen, existenziellen Fragen, dass sie uns bis tief in unsere Träume hinein begleiten können. Jetzt, im Schlaf, sind wir tiefer denn je mit der Welt der Verstorbenen verbunden, wenngleich uns das normalerweise völlig unbewusst bleibt. Im klassischen Altertum nannte man den Schlaf auch den »kleinen Bruder des Todes«. Ein ›Gespräch‹ mit dem Verstorbenen, das kurz vor dem Schlaf mittels der Meditation begonnen worden ist, kann in der Nacht (meistens unbewusst) fortgesetzt werden. Beim Erwachen ist es wichtig, auf die Stimmungen zu horchen, die man mit in den Tag hineinnehmen kann. Dann, oder auch später im Lauf des Tages, ist es möglich, dass wir uns an etwas aus dem fortgesetzten Gespräch erinnern. Diese Erinnerung kleidet sich jedoch in einen eigenen Gedanken, einen Einfall oder einen bestimmten Impuls – als wäre er etwas von uns selbst Stammendes. Es ist jedoch auch möglich, dass ein solcher Impuls uns buchstäblich von außen entgegenkommt.

Ich persönlich beschäftige mich, in einem Beruf, durch den ich viel mit Sterbenden und Verstorbenen zu tun habe, mit einem Verstorbenen insbesondere im zeitlichen Umkreis des Sterbedatums. Dadurch kann einem beispielsweise Folgendes passieren:

Am 23. Februar vertiefe ich mich in das Werk und die Person von

Stefan Lubienski, einem polnischen Schriftsteller und Vortragskünstler, der mir besonders viel bedeutet hat. Am nächsten Tag gibt mir jemand ein Exemplar des Theaterstücks von Lubienski mit dem Titel *Über die Schwelle* und teilt mir dazu mit: Gestern war ich bei B. und half ihm, einen Schrank leer zu räumen. Als dieses Theaterstück zum Vorschein kam, sagte B.: »Das ist vielleicht etwas für Bastiaan Baan. Gib es am besten ihm.« (Beide wussten nicht, dass ich mich intensiv mit Stefan Lubienski beschäftigt hatte, noch erinnerten sie sich daran, dass gerade sein Todestag gewesen war.)

Mit keiner einzigen Meditation oder Fürbitte kann man den Verstorbenen erreichen ohne die Kraft der *Liebe*. Man könnte auch sagen: ohne die Kraft Christi. Er ist die führende Macht im Reich der Verstorbenen. Er ist das, was das Neue Testament als den »Herrn der Lebenden und Toten« bezeichnet.

»Im Reich, das wir mit den Toten gemeinsam haben, ist gleichzeitig das Reich des Christus anwesend«, sagte Rudolf Steiner einmal. Die Fragen, die wir an einen Verstorbenen stellen, die Fürbitte, die wir ihm zukommen lassen, müssen in besonderem Maße zu einem »Gebet in Seinem Namen« werden (Johannes 16,26). Ohne dass wir Ihn in unsere Fürbitte einbeziehen, laufen wir Gefahr, in eine Grauzone zu geraten, in der wir mit getrübten Gefühlen und Egoismus im Willen etwas von der Welt, in der die Verstorbenen leben, für uns selbst haben wollen. Auf gar keine Weise dürfen wir die Verstorbenen an uns binden oder zu uns zurückholen wollen. Solange jemand noch solche Gefühle hegt, sei ihm eindringlich davon abgeraten, sich mit Meditationen für Verstorbene zu befassen.

Es gibt noch einen Weg, der nicht nur mithilfe der Liebe, sondern auch mittels des *Denkens* begangen werden kann. Das ist das so genannte Vorlesen für die Verstorbenen. Im Altertum war es selbstverständlich, dass Verstorbenen vorgelesen wurde. Dies war zum

Beispiel der Zweck des tibetanischen und des ägyptischen Totenbuches. Man las den Verstorbenen vor, in welcher Welt sie sich befanden und welchen Weg sie dort zurückzulegen hatten – sodass sie sich des Zustandes bewusst werden konnten, in dem sie sich befanden.

Rudolf Steiner riet, den Verstorbenen Texte aus der Anthroposophie vorzulesen. Dabei geht es darum, dass das Gelesene (still oder laut gelesen) mit unserem denkenden Bewusstsein und mit dem Herzen begleitet wird. Der Verstorbene kann unsere Gedanken ›lesen‹ – jedenfalls jene Gedanken, die eine geistige Wirklichkeit ausdrücken.

Noch stärker wirkt dieses Vorlesen, wenn wir es mit einem Inhalt tun, den der Verstorbene während seines Lebens mit besonderem Interesse aufgenommen hat. Auch ein Brief, den er während des Lebens schrieb, kann diese Verbindung herstellen. Diese praktische Angabe Rudolf Steiners wurde mir einmal durch einen merkwürdigen Vorfall, den ich in meinem Beruf erlebte, bestätigt. Eine alte Frau erzählte mir, dass sie ihr Leben lang Probleme mit dem Tod ihrer Großmutter gehabt habe. Es sei ihr nie gelungen, über diesen Verlust hinwegzukommen. Diese besondere Person, die vor fast achtzig Jahren so viel für sie bedeutet hatte, war tatsächlich völlig unerwartet verstorben, und das Mädchen durfte beim Begräbnis der geliebten Großmutter nicht anwesend sein. Danach konnte sie keine Verbindung mit ihrer verstorbenen Großmutter mehr zustande bringen; sie war ›weg‹. Ich fragte die alte Frau, ob sie noch etwas in ihrem Besitz hatte, was ihre Großmutter einst selbst geschrieben hatte. Sie bestätigte dies und holte ein altes Tagebuch zum Vorschein, das sie seit dem Tod der Großmutter niemals mehr angeschaut hatte. Nachdem ich ihr erzählt hatte, dass das erwähnte Vorlesen für die Verstorbenen eine Brücke in ihre Welt bilden könne, gab ich ihr einige Tage Bedenkzeit, in denen sie sich fragen konnte, ob sie dies eigentlich wollte. Als ich zurückkam, bejahte sie dies und fragte mich, ob ich für sie aus dem Tagebuch vorlesen wolle, sodass sie zuhören könne. Nachdem ich dies einige Zeit getan hatte, erschien eine strahlende, unerwartete Freude auf ihrem Antlitz – und sie konnte mir berichten, dass sie zum ersten Mal seit ihren Kinderjahren eine spürbare, fast greifbare Empfindung der Gegenwart und der Liebe der Verstorbenen hatte. Von diesem Moment an war das ›Eis‹ gebrochen, und diese Frau hat bis zu ihrem eigenen Tod den Verstorbenen jeden Tag vorgelesen.

7 Die goldene Mitte

Beim Meditieren geht es um die Kunst, die Mitte zwischen Extremen zu halten. Diese Tatsache kam im vorigen Kapitel bereits kurz zur Sprache: Den Verstorbenen verleiht die Liebe der ihnen Nahestehenden Erleichterung in ihrer Welt der ›Hitze‹ und ›Kälte‹. Diese Suche nach der goldenen Mitte gilt für jegliche Form der Meditation, aber auch für das Gebet und den Kultus.

In all diesen Formen von Geistigkeit geht es darum, in ein Gleichgewicht zwischen Aktivität und Empfänglichkeit zu kommen. Wer sich ausschließlich im Arbeiten und Produzieren verausgabt, droht auf Dauer in einen Krampf zu geraten. Damit geht man am Wichtigsten vorbei, was als Inhalt der Meditation und dem Gebet hinzugefügt wird: dem Geschenk, mit dem die geistige Welt diesen Inhalt bereichert. Man könnte diese Zweiheit, die zur Einheit werden muss, noch stärker differenzieren: Eine meditative Aktivität muss bereits die Komponente der Empfänglichkeit in sich tragen, genau wie Empfänglichkeit nicht in Passivität entarten darf, sondern mit einer inneren Aktivität einhergehen muss.

Man kann diese Suche nach der Mitte vielleicht am treffendsten mit der Wechselwirkung vergleichen, die bei einer Begegnung zwischen Menschen zustande kommt. Auch dabei entsteht das Spiel von Geben und Nehmen, wobei die Rollen immer austauschbar sind. Die Redensart: »Die Liebe kann nicht immer von derselben Seite kommen«, ist hier sehr zutreffend. Wenn die Rollen von Geben und Nehmen, von Aktivität und Empfänglichkeit in einer menschlichen Beziehung nicht mehr vertauscht werden, verflacht auf Dauer eine solche Beziehung – und hört häufig auf zu existieren.

Auch für die meditative Beziehung zu den Verstorbenen gilt diese

Gesetzmäßigkeit. Wer den Verstorbenen lediglich etwas zu erzählen hat oder nur darauf wartet, bis ihm etwas in den Schoß fällt, entwickelt keinerlei Beziehung. Die besondere Möglichkeit einer Wechselwirkung zwischen Lebenden und Verstorbenen besteht gerade darin, dass jeder dem anderen etwas geben kann, was diesem fehlt. So ist es zum Beispiel möglich, in einer tiefen Verbindung zu einem teuren Verstorbenen gemeinsam mit diesem etwas wahrzunehmen: aus der irdischen, aber auch aus der geistigen Perspektive. In gewissem Sinne geschieht das bereits beim vorhin beschriebenen Vorlesen für die Verstorbenen. Wenn man dies längere Zeit betreibt, wird man bemerken, dass man auf Dauer zu anderen, ganz neuen Gedanken während des Lesens und danach gelangt. Es hat den Anschein, als ›lese‹ der Verstorbene nicht nur unsere Gedanken, sondern als füge er ihnen auch etwas aus seiner Welt hinzu.

Zwei Beispiele sollen diese subtile Wechselwirkung illustrieren:

Als der Schweizer Dichter Albert Steffen seine Frau durch eine Krankheit verloren hatte, wurde die Beziehung durch Fürbitte und Meditation fortgesetzt. Steffen beschreibt in seinen Tagebüchern aus dieser Zeit, wie er in dem Garten, den seine Frau jahrelang gepflegt hatte, die Blumen betrachtet und wie die Verstorbene von der »anderen Seite« dieser Wahrnehmung etwas Besonderes hinzufügt:

»Ich ging durch den Garten und sagte mir, dass sie den Sinnesanblick der Blumen entbehren musste. Ich schickte ihr dafür, was als höchste Weisheit und herrlichste Schönheit der Welt in mir erwuchs, in innigster Liebe zu: Blumengefühle. […]

Eines Tages, wie ich auf ein Blumenbeet schaute, war es mir, als blickte sie mir daraus entgegen und sagte zu mir, sie wolle an meiner Arbeit mithelfen, aber ich selber müsse nicht nur lehren, sondern auch tun, was ich lehre. Aber wie? fragte es in mir, und plötzlich sah ich mich in einer Schule, worin sie selber saß und lernte. […]

Wenn sich nach einem Gewitter der Regenbogen über den Menschheitsbau wölbte, rief sie mich und ich rief sie. […] Jetzt erblickt sie, in meine Seele schauend, ihn von drüben her, aber verwandelt. Sein Bild wird Blick in ihr.«[50]

Im nächsten Beispiel ist die Wechselwirkung zwischen dem Lebenden und dem Verstorbenen evident. In diesem Fall benutzt die Sprache des Traums dafür einen drastischen Ausdruck. Friedrich Rittelmeyer, der bekannte deutsche Theologe, der bei der Gründung der Christengemeinschaft eine entscheidende Rolle gespielt hat, setzte nach Rudolf Steiners Tod seine tiefe Verbindung mit ihm auf meditativem Weg fort. So träumte er einmal, dass er sich in einem Tunnel durch einen Berg befand, der noch nicht fertig war. Während er sich in seinem Traum einen Weg durch das Gestein zu bahnen versuchte, hörte er ein leises Klopfen und Hämmern vor sich. Im Traum erklang die vertraute Stimme Rudolf Steiners, die ihm zurief: »Machen Sie weiter, Rittelmeyer. Ich komme von der anderen Seite!«

So dürfen wir uns bei jeder wirklichen Meditationsanstrengung vorstellen: Während wir uns mühsam einen Weg durch unsere eigene Finsternis bahnen, wird unser Versuch aus der Welt der Verstorbenen und Hierarchien wahrgenommen – und mit einer Bewegung beantwortet, die uns entgegenkommt.

Das Gebet, das diese Wechselwirkung mit der Gottheit selbst herstellt, trägt diese beiden Bewegungen von vornherein in sich. Darum sagt Christus: »Euer Vater weiß, wessen ihr bedürft, bevor ihr ihn fragt.« Trotzdem ist es notwendig, dass wir Ihm die Frage stellen – ansonsten entsteht kein Dialog mit dem Göttlichen.

Im Kultus schließlich ist die »Brücke« zwischen der Welt Gottes und der der Menschen sogar äußerlich sichtbar durch die Orte, an die sich der Priester am Altar begibt. Von alters her war der Priester ein *Pontifex*. Das lateinische Wort ist eine Kombination der zwei Einzelworte *pons* und *facio*, die jeweils »Brücke« und »machen« bedeuten. Durch die kultische Handlung wird gewissermaßen eine Brücke zwischen der diesseitigen und der jenseitigen Welt gebaut.

In den vier großen Teilen des christlichen Kultus, die wir bereits darstellten, steht das Ritualbuch, aus dem zelebriert wird, abwechselnd auf der linken oder der rechten Seite des Altars. In der römisch-katholischen Kirche nannte man früher dieses Versetzen des Messbuches von links nach rechts und wieder zurück spottend auch: von Pontius zu Pilatus gehen. Ursprünglich lag dieser Bewegung am Altar eine geistige Erkenntnis zugrunde.

In den vier Teilen der Menschenweihehandlung, dem Altarsakrament der Christengemeinschaft, ist diese Bewegung von links nach rechts aufs Neue – wie es ursprünglich der Fall war – mit den Qualitäten des Empfangens und Gebens verbunden worden:

- Der erste große Teil, die Evangelienlesung, spielt sich auf der linken Seite des Altars ab. Im Hören des Evangeliums geht es darum, ›ganz Ohr‹ zu werden (Empfangen).
- Im zweiten Teil, der Opferung, werden die Seelenkräfte der göttlichen Welt geschenkt. Dieser Teil spielt sich auf der rechten Seite des Altars ab (Schenken).
- Während der Wandlung steht der Priester in der Mitte vor dem Altar, doch das Buch steht links, schräg seitlich von ihm. In diesem allerstillsten Teil der Menschenweihehandlung ist ein intensives Sich-Öffnen notwendig, um Christus selbst das Wort zu erteilen, beispielsweise während der Einsetzungsworte (Empfangen).
- Der vierte Teil, die Kommunion, ist nicht lediglich (wie man es sich manchmal vorstellt) ein Abschnitt, in dem etwas empfangen wird, nämlich das Mahl von Brot und Wein. In der Kommunion schenken wir uns selbst Christus – der wiederum sich uns schenkt. In diesem letzten großen Teil steht der Priester ebenfalls in der Mitte und das Ritualbuch liegt schräg rechts von ihm (Schenken).

So ist in der Menschenweihehandlung die geistige Gesetzmäßigkeit, die jeder wesenhaften Begegnung zugrunde liegt, durch die ›Sprache‹

des Links und Rechts, des Empfangens und Schenkens, ausgedrückt. Diese kultische Sprache reicht zurück in ferne Vergangenheit. Auch im salomonischen Tempel drückte sich diese Gesetzmäßigkeit aus, und zwar in den beiden Säulen Jachin und Boas, der hellen und der dunklen Säule, die sich links und rechts des Vorhofs befanden.

8 Die Kunst der Zurückhaltung

Zum Schluss dieser Betrachtungen möchte ich etwas, was bislang gefehlt hat, ausdrücklich zur Sprache bringen. Es ist heute eine gute Gewohnheit, dass jemand, der in einem bestimmten Bereich Erfahrungen gemacht hat, diese auch anderen zur Verfügung stellt und berichtet, was er erlebt hat. Seit meinem 19. Lebensjahr habe ich versucht, die Meditation zur Grundlage meines täglichen Lebens und meiner Arbeit zu machen. Wo bleiben in diesem Buch meine persönlichen Erfahrungen?

Als ich 21 war, fragte ich – selbst übervoll mit ersten Eindrücken und spontanen Erfahrungen – jemanden, der auf diesem Gebiet über reiche Erfahrungen verfügte, warum darüber nicht gesprochen würde. Der Betreffende antwortete, dass es besser sei, diese intimen Erfahrungen zu verschweigen, damit sie ihre Kraft und ihren Wert behielten. Wer solche Erfahrungen nicht hat, kann sie sehr häufig nicht verstehen – und jemand, der nicht ›guten Willens‹ ist, kann sie missbrauchen (»Perlen vor die Säue werfen«). Dies wirkt in einer Zeit, in der alles bis hin zu den allerintimsten Erfahrungen ›hinausposaunt‹ wird, hoffnungslos antiquiert. Ich habe jedoch noch in anderer Weise bemerkt, dass das Mitteilen spiritueller Erfahrungen eine missliche Sache ist: Wenn dies heutzutage hier und da praktiziert wird, entsteht sofort eine Trennung zwischen denjenigen, die diese Erfahrungen erkennen, und den anderen, die davon ausgeschlossen sind. Hier entsteht häufig die Situation, dass sich Letztere entweder radikal abwenden oder den anderen auf ein Podest stellen und in eine ungesunde Verehrung und Abhängigkeit geraten. Damit ist derjenige, der seine so persönlichen Erfahrungen mitteilt, zunächst, mit allen damit verbundenen Gefahren der Illusion, heftigen Versuchungen der Eitelkeit und des Geltungsdranges ausgesetzt.

Die einzige realistische Weise, mit geistigen Eindrücken umzugehen, besteht darin, dass man sie in Stille mit sich herumträgt. Sie sind nicht perfekt, sie geben nicht die ultimative Antwort auf alle Fragen, sie stellen einen häufig vor Rätsel.

»Wer in der geistigen Welt wahrnimmt, muss wissen, dass ihm manchmal Imaginationen zuteil werden, auf deren Verständnis er zunächst verzichten muss. Er muss sie als Imaginationen hinnehmen und als solche in der Seele ausreifen lassen. Während dieser Reifung bringen sie im Menschen-Innern die Kraft hervor, welche das Verständnis bewirken kann. Wollte sie der Beobachter in dem Augenblicke sich erklären, in dem sie sich ihm offenbaren, so würde er dieses mit einer dazu noch ungeeigneten Verstandeskraft tun und Ungereimtes denken. In der geistigen Erfahrung hängt vieles davon ab, dass man die Geduld hat, Beobachtungen zu machen und mit dem Verstehen bis zu dem geeigneten Zeitpunkte zu warten.«[51]

Ein Meister im Verschweigen seines meditativen Lebens war Dag Hammarskjöld. Erst nach seinem Tod wurde das »Weißbuch meiner Verhandlungen mit mir selbst – und mit Gott« (wie er es selbst nannte) gefunden, worin er diesen Bereich seines Lebens dokumentiert hatte. Ein roter Faden in seinem Tagebuch bildet das Motiv der Einsamkeit – die aber notwendig ist, wenn man diesen inneren Weg gehen will. Wer diese unvermeidliche Einsamkeit mit anderen teilen will, wird sich betrogen sehen. Doch wer durch sie hindurchgeht und bedingungslos Ja sagt zu den Aufgaben des Lebens, entdeckt das Geschenk, das in der Einsamkeit verborgen ist: »– einer von denen, welchen die Wüste zu Häupten steht und die einen Stern ihren Bruder nennen. Einsam. Aber Einsamkeit kann eine Kommunion sein.«[52]

Es muss nochmals betont werden, dass diese Zurückhaltung ein unentbehrliches Element für den gesamten meditativen Schulungsweg bedeutet – nicht nur im Hinblick auf die Umgebung, sondern auch in Bezug auf die Aufgaben, die wir selbst uns stellen. Manchmal geben Menschen den Mut auf, weil sie sich eine schwere Bürde an Übungen und Meditationen aufgeladen haben und denken, dass sie dadurch rascher vorankommen. Eine einzige Übung oder ein Spruch pro Tag, über längere Zeit konsequent durchgeführt, ist in einem solchen Fall das beste Mittel, den gewählten Weg fortzusetzen.

TEIL III MEDITATIONSINHALTE AUS DEM NEUEN TESTAMENT

1 Christentum und Meditation

Durch den jahrzehntelangen Einfluss östlicher Meditationstechniken ist zu Unrecht der Eindruck entstanden, dass wir im Westen ausschließlich auf diese Formen angewiesen seien. Hier möchte ich mich nicht mit der komplizierten Frage beschäftigen, was die Ursache dieser Einschätzung ist und ob diese östlichen Techniken hier im Westen angebracht sind oder nicht.[53]

Da ich selbst jahrelang versucht habe, nach einer westlichen Methode (dem anthroposophischen Schulungsweg) einen Zugang zu den Inhalten des Neuen Testamentes zu finden, beschränke ich mich auf einige Texte aus diesem Buch, insbesondere denen des Johannes-Evangeliums.

Wir stellten bereits dar, dass sich nicht jeder willkürliche Text oder Spruch zur Meditation eignet. Es ist von großer Bedeutung, wer ›hinter diesem Text steht‹, von wem er stammt. Von alters her hat man die Worte der großen Eingeweihten als Meditationsstoff benutzt – um so in eine Verbindung mit deren Welt zu kommen. Die mittelalterlichen Mystiker taten dasselbe mit den Christus-Worten. Seine Worte reichen noch weiter als die Sprache der Eingeweihten: »Himmel und Erde werden vergehen, doch meine Worte werden nicht vergehen« (Luk. 21,33). Indem wir seine Worte intensiv im Herzen bewegen, erhalten sie im Laufe der Zeit ein neues Leben und ungeahnte Aussagekraft. Die Mystiker bezeichneten dies als die Erfahrung des *nunc aeternam*, des »ewigen Jetzt«. Sie erlebten, dass das Jetzt transparent werden kann für die Ewigkeit. Sie hörten diese Worte in der geistigen Welt als das *evangelium aeternam* erklingen, das »ewige Evangelium«. Die Worte, die Christus während seines Lebens gesprochen hat, sind keine ›Gelegenheitsworte‹, die einmal und niemals wieder erklangen. Sie haben eine Keimkraft, die bis ans Ende der Schöpfung reicht. Die Ersten, die dies erkennen, sind die zwölf Jünger, die mit Petrus sagen können: »Herr, in Deinen Worten ist ewiges Leben« (Joh. 6,69). Um diese verborgene Keimkraft zu erwecken, ist es jedoch notwendig, dass die Worte eine ›Wohnstatt‹ finden. Um dies anzudeuten, gebraucht das Johannes-Evangelium immer wieder dasselbe Wort: »bleiben« (griechisch: *menein*).

In gewisser Hinsicht ist dies das Schlüsselwort des ganzen Evangeliums – und unserer Meditation. Das erwähnte griechische Wort hat eine reichere Bedeutung als die, die in unserem Wörtchen »bleiben« liegt. Es bedeutet buchstäblich: bleiben, wohnen, dauern, ewig sein; an einem Ort bleiben, wo man Nahrung findet. So hat das griechische Wort *monè*, das davon abgeleitet ist, die Bedeutung von: Herberge oder Kloster (auch: Monasterion). Die Begegnungen mit Jesus, die im Johannes-Evangelium beschrieben werden, beginnen und enden sogar mit diesem Wort: bleiben. Es ist die allererste Frage, die seine Jünger ihm stellen:

»Meister, wo ist deine Bleibe?«

(Joh. 1,39, griechisch: *Rabbi, pou méneis?*).

Während der letzten Begegnung, von der das Johannes-Evangelium berichtet, macht Christus Petrus gegenüber eine besondere Aussage über Johannes: »Wenn ich will, dass er bleibt (*menein*), bis ich komme, welche Bedeutung hat das für dich?« (Joh. 21,22). Johannes ist der erste Jünger, der »bleibt«, der (im Gegensatz zum wankenden Petrus, der Ihn verleugnet und danach wieder aufsteht) eine bleibende Verbindung mit Christus erlangt hat. Christus braucht einen ›Verbleib‹. Die Frage, die am Beginn des Evangeliums gestellt wurde (Meister, wo ist deine Bleibe?) wird im Laufe des Lebenswegs zu einem Appell an die Jünger: »Bleibt in meiner Liebe« (Joh. 15,9). An dieser Stelle wird das griechische Wort für »bleiben« in der Befehlsform benutzt: als eine Andeutung für die Aktivität, derer es bedarf, um mit Ihm verbunden zu bleiben. Schließlich ist Johannes der Schüler, der bleibt, bis Er kommt. Das bedeutet konkret: Johannes führt ein zurückgezogenes Leben im Beten und täglichen Zelebrieren des Altardienstes, bis ihm im hohen Alter die Inspiration des Evangeliums geschenkt wird.

Bis zum heutigen Tag ist es möglich, die Worte des Christus so zu verinnerlichen, dass man in ihnen ›wohnen‹ kann, dass sie zu einer Bleibe werden. Dann sind es keine leeren, nichts sagenden Worte mehr, sondern wir – und auch Er selbst – wohnen in ihnen. Zwei besondere Persönlichkeiten haben sich im vorigen Jahrhundert einander durch ihre meditative Arbeit in besonderer Weise ergänzt, indem sie die Erfahrung des ›Wohnens‹ von zwei verschiedenen Seiten aus beschrieben. Michael Bauer, der moderne Mystiker und Schriftsteller, sagt dies mit den Worten: »Christus ist das Heimatlichste in der Welt. Selig, wer dies versteht.« Und der Theologe Rudolf Frieling fügt dieser Frucht der Meditation Weiteres hinzu, Michael Bauer habe die Aussage gemacht, Christus sei das Heimatlichste in der Welt. So möge Christus auch in uns Menschen und in unserem Erdendasein immer mehr etwas finden, worin Er wohnen könne.[54] So stark kann die Erfahrung der Geborgenheit werden, dass damit alle Angst überwunden wird. Zum Glück geschieht das nicht nur, wenn wir die Worte aus dem Evangelium meditieren. Es ist sogar möglich, dass jemand, der sich verzweifelt an sie klammert und sie nicht loslassen kann, die Angst überwindet, wie zum Beispiel in der nachfolgend beschriebenen Situation:

Eine psychiatrische Patientin musste während einer schweren Psychose die Nacht in einer Isolierzelle verbringen. In ihrer Verzweiflung und Niedergeschlagenheit wandte sie sich an Gott mit den Worten: »Denn also hat Gott die Welt geliebt, dass er seinen eingeborenen Sohn gegeben hat, auf dass jeder, der an Ihn glaubt, nicht verloren gehe, sondern das ewige Leben habe« (Joh. 3,16). Gegen Morgen war sie durch ihr anhaltendes Gebet mit diesen Worten zu sich gekommen. Entgegen allen Erwartungen konnte sie einige Tage später aus der Klinik entlassen werden. Sie selbst schrieb diese bemerkenswerte Veränderung den Worten des Evangeliums zu.

In der Zeit der Wiederkunft Christi ist keinerlei äußere Stätte geeignet, Ihm Zuflucht zu bieten. Im nachfolgenden Gedicht habe ich versucht, in Worte zu kleiden, wo Er dann seine Wohnstatt suchen wird:

Wiederkunft

Jetzt, da ich gekommen bin,
in anderen Gestalten,
wundersam wie Wolken,
gibt es keinen Ort,
wo ich thronen kann,
keinen hohen Berg,
wo ich zu mir selbst kommen kann,
keinen Tempel,
wo die Menschen mir wie in alten Zeiten
tagein, tagaus die Ehre bezeugen.
Doch wenn einer meiner
geringsten Brüder
mich nur einen Augenblick
in sein armseliges Herz
aufgenommen hat,
komme ich, nach einer Reise
von Jahrtausenden,
endlich wieder nach Hause,
dorthin, wo ich wohnen will.

Das Schlüsselwort der christlichen Meditation ist vielleicht das Wörtchen »in«. Im Gegensatz zum Gott des Alten Testamentes will

Christus inne-wohnen, einwohnen. Jahwe ist der Gott, der vom »Ich« zum »Du« angebetet wird. Christus ist der Gott, der sich mit dem menschlichen Ich verbinden will. Der Apostel Paulus hat dies erkannt und in die berühmten Worte gefasst: »Mit Christus bin ich gekreuzigt, und doch lebe ich, das ist: nicht mehr mein Ich, sondern Christus lebt in mir« (Gal. 2,20). Auch in anderen Formulierungen kehrt dieser Ausdruck des Ein-Wohnens immer wieder. Paulus spricht vom »In-Christus-Sein«, »In-Christus-Leben«. Während die vorchristlichen Wege darauf ausgerichtet sind, sich der Gottheit, die außerhalb von uns, über uns, um uns herum ist, zu nähern, bringt der Christus-Weg uns zum Erleben der Geburt des Christus *in uns*. Das ist die entscheidende Erfahrung, die die Mystiker erlebten:

Wird Christus tausendmal zu Bethlehem geboren
Und nicht in dir, du bleibst noch ewiglich verloren.
Angelus Silesius, Cherubinischer Wandersmann I, 61

2 Warum das Johannes-Evangelium?

Das Johannes-Evangelium nimmt in der Bibel eine besondere Stellung ein. Es fällt aus den drei ersten Teilen, die auch als die synoptischen Evangelien bezeichnet werden (*synopse* = zusammen-sehen), heraus. Die Evangelien nach Matthäus, Markus und Lukas können relativ einfach als eine Drei-Einheit gesehen und miteinander verglichen werden. Das Johannes-Evangelium dagegen ist in Inhalt, Struktur und Satzbau unvergleichlich anders. Nicht ohne Grund wird Johannes mit dem Symbol des Adlers charakterisiert. So wie der Adler im Tierreich buchstäblich den höchsten Standpunkt einnimmt, so beschreibt dieser Evangelist, nach Jahrzehnten der Meditation und des Gebetes, die Ereignisse aus dem Leben des Jesus Christus aus einer weiteren und höheren Perspektive als die Synoptiker. Das Johannes-Evangelium ist vermutlich erst um das Jahr 100 herum entstanden. Auch in der zeitlichen Dimension nimmt es also einen größeren Abstand zu den Ereignissen ein.

Mehr noch als die drei vorangehenden Evangelien eignet sich das Johannes-Evangelium für die Meditation. Sogar in einer Übersetzung kann man etwas vom besonderen Wortstrom und dem Rhythmus der Sprache erleben. In der Theologie wird manchmal von der »Monotonie« dieses Evangeliums gesprochen. Der Evangelist kommt immer wieder auf dieselben Worte zurück, die in zahlreichen unterschiedlichen Konstellationen doch immer wieder – für den, der ein Ohr dafür hat – etwas anderes ausdrücken. Jemand, der es sich zur Gewohnheit gemacht hatte, täglich laut einen Abschnitt aus dem Johannes-Evangelium zu lesen, beschrieb dessen Wirkung folgendermaßen: »In einem bestimmten Moment hat man das Gefühl, als bekäme man festen Boden unter die Füße. Man wird vom

Rhythmus, den Klängen und dem Wortstrom berührt – und man lernt allmählich eine ganz andere Sprache als die Alltagssprache verstehen. Durch das laute Lesen des Evangeliums habe ich den ersten Schritt auf dem Gebiet der Meditation gemacht. Danach war es nicht mehr schwierig, eine Zeit lang bei einer bestimmten Einzelpassage zu verweilen und diese ein paar Wochen lang mit mir herumzutragen, mit ihr aufzustehen und mit ihr einzuschlafen.«

Rudolf Steiner hat die einzigartige Wirkung und Bedeutung des Johannes-Evangeliums aus einer noch umfassenderen Perspektive beschrieben. Dabei geht es nicht in erster Linie um die Bedeutung, die dieses Evangelium für uns persönlich haben kann, sondern um die, die es für die Erde hat:

»Wenn aber jemand hernimmt das Johannes-Evangelium und liest darin nur drei Zeilen, so macht das ungeheuer viel für das ganze Weltenall aus; denn wenn zum Beispiel niemand unter den Erdenseelen das Johannes-Evangelium lesen würde, würde die ganze Erdenmission nicht erfüllt werden können: Von unserer Teilnahme an solchen Dingen strahlen aus spirituell die Kräfte, welche der Erde immer neues Leben zuführen gegenüber dem, was in ihr abstirbt. [...] Es kann unter Umständen ein Mensch äußerlich sehr wenig tun, aber wenn er, nicht um einen persönlichen Genuss zu haben, sondern mit einer entwickelten Seele weiß, dass in seinem Gefühl die Gelegenheit gegeben wird, dass dieses Gefühl, welches für das Weltendasein wichtig ist, überhaupt vorhanden ist, so tut er damit außerordentlich viel.«[55]

3   Die »Ich-Bin-Worte« im Neuen Testament

> Christus allein von allen Wesen in den Himmeln und auf Erden ist für den Menschen kein Du, sondern ein Ich, das höhere Ich. Er will dem Menschen nicht gegenüberstehen, sondern einwohnen.
>
> *Rudolf Frieling*

In diesen letzten Kapiteln versuche ich, zur Verdeutlichung des soeben Beschriebenen, einige Elemente zu beschreiben, die möglicherweise beim Meditieren der so genannten »Ich-Bin-Worte« im Neuen Testament hilfreich sein können. Es ist ausdrücklich nicht meine Absicht, eine geführte Meditation darzustellen, weil damit meiner Auffassung nach das Prinzip der Meditation (der einsame Weg) durchbrochen würde. Diese Elemente sind nichts weiter als ein möglicher Grundstoff, der während der individuellen Meditation bearbeitet werden kann. Es ist selbstverständlich, dass dadurch die unterschiedlichen Texte in gar keiner Weise erschöpfend abgehandelt werden können, denn sie sind buchstäblich unerschöpflich.

Bereits im Alten Testament wird ein einziges Mal der Name der Gottheit ausgesprochen, mit den rätselhaften (hebräischen) Worten: Ehejeh asher ehejeh – Ich bin, der Ich Bin. Das geschieht, als Moses nach dem Namen Gottes fragt (Exodus 3,14). Auch wenn dies häufig mit »Ich bin, *der* ich bin« übersetzt wird, ist der Name, den Er benutzt, gleichlautend. »Und Er sagte: So sollst du zu den Israeliten sagen: Ich-Bin hat mich zu euch gesandt.« Im Johannes-Evangelium wird dieser ›Name‹ von Christus verwendet, an den Höhepunkten seines Erdenlebens. In der griechischen Sprache wird an dieser Stelle ein besonderes Pronomen benutzt. Das Griechisch kennt zwei Formen, um die Worte »ich bin« auszudrücken. Wenn jemand sagt: »Ich bin krank«, meint er eigentlich: »Mein Körper ist krank.« Wir können uns vorstellen, dass dieses »ich« unser kleines, allzu menschliches Ich meint. Das Griechische benutzt hier eine Verbform, in der das Pronomen bereits inbegriffen ist: *eimi*. Wenn jedoch jemand spricht: »Ich weiß, dass mein Erlöser lebt« (Hiob), so spricht das höhere Ich in diesen Worten mit. Dafür benutzt die griechische Sprache zwei Wörter: *ego eimi*.

Im Johannes-Evangelium benutzt Christus zwölfmal diese außergewöhnliche Form, um sich selbst auszusprechen. Unter diesen zwölf sind fünf Varianten eines bereits früher genannten Satzes.[56]

Als Erster hat Friedrich Rittelmeyer die besondere Form und den besonderen Inhalt der sieben Ich-Bin-Worte entdeckt und beschrieben.[57] Es handelt sich um folgende Aussagen:
– Ich bin das Brot des Lebens (Joh. 6,35).
– Ich bin das Licht der Welt (Joh. 8,12).
– Ich bin die Tür (Joh. 10,8).
– Ich bin der gute Hirte (Joh. 10,11).
– Ich bin die Auferstehung und das Leben (Joh. 11,25).
– Ich bin der Weg, die Wahrheit und das Leben (Joh. 14, 6).
– Ich bin der Weinstock (Joh. 15,5).

Alle »Ich-Bin-Worte« hat Christus im letzten Jahr seines Lebens ausgesprochen, im vollen Bewusstsein seines künftigen Leidensweges (die erste Vorankündigung von Golgatha findet nach der Speisung der Fünftausend statt, nachdem das erste »Ich-Bin-Wort« gesprochen wurde).

Das Ich des Christus kann mit unserem menschlichen Ego in keiner Weise verglichen werden. Er kann als Einziger sagen: »Ich im Vater und der Vater in mir« (Joh. 14). In unserem Ego ist von Natur aus kein Platz für den anderen – geschweige denn, dass es eins werden könnte mit dem Ich eines anderen Menschen. So wie eine Ikone auch manchmal als ein »Fenster zur Gottheit« bezeichnet wird, so könnte man Christus, in dieser Bedeutung des Wortes, als eine »Ikone des Vaters« bezeichnen: »Wer mich sieht, hat den Vater gesehen« (Joh. 14). Er spricht den Namen Gottes selbst aus, wenn er »Ich bin« sagt.

Es war insbesondere der Auftrag des Judentums, das Ich des Menschen darauf vorzubereiten, den Messias zu empfangen. Der salomonische Tempel hatte dafür sogar einen greifbaren Ausdruck: den leeren, dunklen Raum des Allerheiligsten. Dieser leere Raum wartete – nachdem die Bundeslade mit den steinernen Tafeln daraus verschwunden war – auf die Gegenwart des Messias bei seiner Erdenankunft.

So wie es die Aufgabe des Judentums war, eine Form für das Ich zu schaffen, so ist es die Gabe des Christus, dem menschlichen Ich seinen Inhalt zu schenken. Das ist es, was Paulus als erster Mensch erkennt, wenn er sagen kann: »Mit Christus bin ich gekreuzigt und doch lebe ich (griechisch: *ego*), das heißt, nicht ich, sondern Christus in mir« (Gal. 2,20).

Wir können mit ›Herz und Seele‹ die Inhalte des Christentums in uns aufnehmen. Insbesondere jedoch ist das menschliche Ich in der Lage, zu einem Organ zu werden, welches das Ich des Christus gewahrt und es trägt. So jemand wurde von alters her als ein Christus-Träger, ein Christophorus, bezeichnet.

In der Legende von Christophorus wird diese Entwicklungsmöglichkeit des menschlichen Ich formuliert und in Bildersprache ausgedrückt. Der Riese Offerus, der keinem anderen als dem höchsten Herrn dienen will, erhält nach langen Irrwegen zum König und »Herrn dieser Welt« die Aufgabe, Menschen auf seine Schultern zu nehmen und über den Fluss zu setzen. Als er eines Nachts gerufen wird, muss er ein Kind auf die andere Seite des Flusses tragen. Die Last auf seinen Schultern wird unerträglich schwer – bis das Kind ihm sagt, wen er da auf seinen Schultern trägt: Christus selbst ist es, der die Welt in Seinen Händen hält. Er gibt ihm seinen neuen, wahren Namen: Christophorus. Christophorus pflanzt den Wanderstab, der ihn beim Tragen gestützt hat, in die Erde. Am nächsten Morgen blüht dieser Stab – und das Leben des Christophorus, der seine Bestimmung gefunden hat, ist an sein Ende gelangt.

Wer Christ werden will, muss lernen, Lasten und Verantwortung zu tragen. »Christen haben keine Rechte, sie haben nur Pflichten«, sagte der Theologe Richard Wurmbrand einmal. Dabei muss das kleine Ich des Menschen all seine Kräfte einsetzen, bis es wahrnimmt, dass es zum Träger des großen Ich-bin werden kann. Der klassische Ausdruck des menschlichen Ich ist der Stab. Von alters her werden Personen, die eine besondere Verantwortung für andere tragen, also aus dem Ich heraus führen und begleiten müssen, mit einem Stab abgebildet: der Pharao, der König (Zepter), der Bischof, der Hirte. Solange das Ich mit sich selbst allein ist, ist dieser Stab kahl und dürr. Das Ich kann seine Bestimmung erst dann finden, es kann erst dann aufblühen, wenn es zum Träger seines Namens geworden ist. Im Evangelium finden sich starke Formulierungen hierfür. Christus fordert von seinen Jüngern nicht, dass sie an eine bestimmte Lehre, eine bestimmte Lebensmaxime oder Überzeugung glauben, nein, er bittet sie nur, zu glauben, zu beten, zu taufen, Dämonen auszutreiben – in Seinem Namen.

Durch das Vorangegangene mag es inzwischen deutlich geworden sein, dass hier mit »Seinem Namen« gemeint ist: das ICH des Christus. Um etwas davon zu erfahren, dafür ist das Ich des Menschen unentbehrlich. Denn Gleiches kann nur von Gleichem erkannt werden.

Christus bringt keine »Lehre von den Vätern«, er bringt schon gar nicht irgendeinen Katechismus, sondern er bringt: sich selbst. Darum ist das stärkste Mittel, um in Momenten der Not oder Verzweiflung Hilfe zu erbitten, jenes, dass wir uns vorstellen, er stehe selbst neben uns, höre uns und blicke uns an – und wolle sich uns geben.

Ganz einfach und beeindruckend wurde diese Erfahrung einmal von der Amerikanerin Joni Eareckson formuliert, die als siebzehnjähriges Mädchen einen ernsten Unfall erleidet, als dessen Folge sie lebenslänglich querschnittsgelähmt bleibt.

In den einsamen Nächten im Krankenhaus, kurz nach dem Unglück, stellt sie sich vor, dass Jesus Christus neben ihr steht und sagt: »›Siehe, ich bin immer bei dir. Wenn ich dich so geliebt habe, dass ich für dich gestorben bin, glaubst du dann nicht, dass meine Liebe stark genug ist, dich weiterzuführen und nicht loszulassen, auch wenn du gelähmt bist?‹ Dieser Trost war so stark und wirklichkeitsnah, dass ich spürte: Der Herr ist jetzt bei mir. Neben mir in meinem Zimmer! Das war der Trost, den ich brauchte. […] Vor meinem Unfall brauchte ich Jesus Christus nicht. Jetzt aber brauchte ich ihn dringend. […] Tatsächlich war er die einzige zuverlässige Realität.«[58]

Wenn so etwas nicht in einem Zustand der äußersten Verzweiflung zu geschehen braucht, kann diese Bewegung des eigenen Ich auf das Ich des Christus zu einer wichtigen Meditationsübung werden. Zugleich ist diese Übung ein Schlüssel zu den sieben »Ich-Bin-Worten«. Friedrich Rittelmeyer, der sich fast ein ganzes Leben lang meditativ mit diesem Motiv befasst hat, beschreibt diese Übung mit den Worten, man solle in den stillen Stunden versuchen, völlig im Ich des Christus zu leben und es dann zu einem ›Sein‹ werden zu lassen. In einem solchen Moment gehe man in die Auferstehung hinein.

Als ein Vorstadium dazu kann folgende Übung dienen, die Rudolf Steiner einst individuell Fred Poeppig übergeben hat. In dieser Übung geht es noch um das Bewusstsein des eigenen Ich, das jedoch im Laufe der Zeit empfänglich wird für das große ICH BIN. Der Inhalt dieser Übung besteht gleichfalls aus den beiden Worten: »Ich bin«. Die Form ist folgende:

— Mit dem Wort »ich« in Gedanken ziehen wir den Atem ein.
— Der Atem wird einen Moment lang festgehalten und die Aufmerk-

samkeit auf das Gebiet der Nasenwurzel gelenkt. Jetzt konzentrieren wir uns, während des kurzen Moments, in dem der Atem angehalten wird, auf das Wort »bin« und verbinden dieses mit der Stelle zwischen den Augen, bei der Nasenwurzel.
- Während des Ausatmens konzentrieren wir uns auf das Wort »ich«.

»Dieser Rhythmus: *ich* – Einatmen, *bin* – Atemhalten, *ich* – Ausatmen, wird siebenmal nacheinander gemacht.« Siebenmal meditieren wir auf diese Weise die Worte: »Ich bin ich.« Poeppig fügt hier erklärend hinzu: »Man erkennt dann bald, wie dadurch der Stützpunkt des Ich in der Stirnmitte verstärkt wird, sodass der Atem von da aus wieder harmonisch wird.«[59]

Wie stark diese zwei scheinbar völlig unterschiedlichen Größen, das Ich des Menschen und das Ich des Christus, dennoch miteinander verwandt sind, illustriert das folgende Ereignis, das jemand einst im Krankenhaus erlebte. Während einer schweren Krankheit, in Lebensgefahr, traten Momente ein, in denen der Patient sich zu verlieren drohte. Nicht nur sein Gefühl für Zeit und Raum, sondern auch das Selbstbewusstsein verlosch langsam. Als ein unbekannter Arzt an das Krankenbett trat, fragte dieser: »Wie heißen Sie?« Der Patient hörte die Frage zwar, doch er konnte sich nicht mehr an seinen eigenen Namen erinnern. In seiner Ratlosigkeit suchte er nach einem Anknüpfungspunkt – und erkannte in diesem Augenblick die Gegenwart des Christus, der neben ihm stand. Aufs Neue fragte der Arzt: »Wie heißen Sie?« Und der Patient, der seinen eigenen Namen verloren hatte, jedoch den Auferstandenen, der ihm beistand, erkannte, antwortete: »Christus.« Darauf seufzte der Arzt: »Er ist schon weit weg.«

Doch der Patient, der die Geschichte später berichtete, musste in diesem Augenblick feststellen: Ich bin nicht weit weg, im Gegenteil: Ich habe mich selbst wiedergefunden – durch Ihn.

Christus – »das Ich der Iche« nennt ihn Novalis – hilft den Menschen, zu sich selbst zu kommen, sie selbst zu werden. Das große ICH BIN des Christus schließt das »Ich bin« des Menschen ein. Darin unterscheidet Er sich vom kleinen menschlichen Ego.

Gerade unser Ego hindert häufig den anderen daran, zu sich selbst zu kommen – solange das Ich noch mit seinem Egoismus allein bleibt. Und wenn wir dann auch noch dieses Ich mit unserem physischen Körper identifizieren, ist gar kein Raum mehr für den anderen übrig – so wie die beleibte Hausfrau, die sich mit ihren schweren, prall gefüllten Einkaufstüten besitzergreifend auf die Bank in der Straßenbahn setzt und feststellt: »Ich sitze!« Aber auch seelisch können wir mit unserem Ego den anderen ausgrenzen, so wie ein Geschäftsführer, der seinem Personal deutlich macht: »Ich bin hier der Chef!«

Das Ich des Christus lernen wir insbesondere durch das Johannes-Evangelium kennen. Auch vom Wort her kommt das besondere *ego eimi* in diesem Evangelium häufiger vor als in allen anderen. Rudolf Steiner spricht auch vom »Evangelium des Ich«. Selbst benutzt der Verfasser des Johannes-Evangeliums nicht ein einziges Mal das Wort »ich« für sich selbst. Aus heiliger Ehrfurcht spart er es aus, es bleibt ausschließlich dem Christus vorbehalten. Erstaunlicherweise spricht er über sich selbst in der dritten Person als »der Jünger, der Seine Liebe erfahren hat« (Joh. 13,23). Sogar wenn er persönlich von etwas Zeugnis ablegen will, spricht er über sich selbst in dieser eigenartigen Form: »Und der dies geschaut hat, ist ein Zeuge dafür geworden und er bezeugt es mit klaren Bewusstsein; er weiß, dass er die Wahrheit spricht, sodass auch ihr glauben könnt« (Joh. 19,35).

Bevor wir uns nun mit einem der sieben »Ich-Bin-Worte« beschäftigen wollen, beschreibe ich die Abschnitte im Johannes-Evangelium, in denen Christus nur den Namen Ich bin (*ego eimi*) ausspricht. Die Wirkung dieser Worte spricht dort, wo sie vorkom-

men, Bände. Indem wir uns in sie vertiefen, erhalten auch wir einen Eindruck von der weit reichenden Bedeutung und Kraft dieser Worte, wenn er sie ausspricht:
- Zum ersten Mal erschein dieser Ausdruck am Ende des Gesprächs zwischen Christus und der Samariterin am Brunnen (Joh. 4). Die Frau bemerkt zunächst nicht, in wessen Gegenwart sie sich befindet. Schritt für Schritt bringt Christus, der das Gespräch führt, sie dahin, dass sie ihn erkennt, bis er sich schließlich am Ende dieses Gesprächs offenbart: »Ich bin es (*ego eimi*), der mit dir spricht.« Da ist es der Samariterin, als fallen ihr die Schuppen von den Augen. Sie lässt ihren Krug am Brunnen stehen, kehrt zurück in die Stadt und holt die Samariter, die ihn als den Heiland erkennen (griechisch: *soter tou kosmou* – »Welten-Heiler«).
- Danach zeigt Christus, wozu dieses mächtige Ich imstande ist: Mitten im nächtlichen Sturm, als die Jünger mit dem Schiff über das Meer fahren und von Angst überwältigt sind, erscheint er auf den Wassern wandelnd und spricht nur einen einzigen Satz: »Ich bin, fürchtet euch nicht!« (Joh. 6,20). Matthäus hat dasselbe Ereignis beschrieben (Matth. 14,27) und lässt darauf noch die Szene folgen, in welcher Petrus, der über das Wasser zu ihm zu gelangen versucht, in den Wellen versinkt, bis Christus die Hand nach ihm ausstreckt. Christus, der selbst als das göttliche Wort alles geschaffen hat, hat Vollmacht über die Elemente. Hier ist er »in seinem Element« – und Wind und Wasser hören auf ihn.
- Wenn die Juden Christus die entscheidende Frage stellen: »Wer bist du?« (auch wenn diese Frage aus Misstrauen gestellt wird), so äußert er Schritt für Schritt seine Verbundenheit mit dem göttlichen ICH BIN. Das Gespräch endet mit den rätselhaften Worten: »Bevor Abraham war, BIN ICH« (Joh. 8,58). Würde es sich um ein menschliches Ich handeln, hätte er sagen müssen: Bevor Abraham war, *war* ich. Aber dieses ICH BIN ist ununterbrochen in der Schöpfung gegenwärtig im »ewigen Jetzt«, dem *nunc eternam*.

– Am Ende des Evangeliums zeigt Christus kurz vor dem Ende seines Erdenlebens noch einmal die umfassende Vollmacht des ICH BIN. Kurz vor seiner Gefangennahme in Gethsemane steht er seinen Verfolgern gegenüber, die Hand an ihn legen wollen: »Judas nun kam dorthin mit den Wächtern und Dienern der Oberpriester und Pharisäer, mit Laternen, Fackeln und Waffen. Jesus überschaute im Geist alles, was ihm widerfahren sollte. Darum trat er vor und sprach zu ihnen: ›Wen sucht ihr?‹ Sie antworteten ihm: ›Jesus von Nazareth.‹ Er sprach zu ihnen: ›ICH BIN‹ (*ego eimi*). Ihm gegenüber stand unter den anderen Judas, sein Verräter. Als er nun sagte: Ich bin, wichen sie zurück und warfen sich zu Boden. Wiederum fragte er sie: ›Wen sucht ihr?‹ Sie sagten: ›Jesus von Nazareth.‹ Jesus antwortete: ›Ich habe euch gesagt: ICH BIN. Wenn ihr mich sucht, so lasset diese gehen«« (Joh. 18).

Bei Seiner Gefangennahme handelt Er souverän. Er offenbart die Ehrfurcht gebietende Macht des ICH BIN. Diejenigen, die Ihn töten wollen, können dieser Macht keinerlei Widerstand entgegensetzen. Nur selten ist dieser Moment, der doch eine so starke Aussagekraft hat, in der Malerei dargestellt worden. Ich kenne ein Gemälde, auf welchem dies der Fall ist. In einer Sammlung von Miniaturen zum Neuen Testament, die der Duc de Berry im 15. Jahrhundert anfertigen ließ, befindet sich eine Darstellung der Gethsemane-Szenerie (siehe Abbildung). Das Bild ist sehr dunkel gehalten. Christus steht als Einziger aufrecht, das Haupt mit Gold umhüllt. Die Soldaten liegen wie eine formlose Masse durcheinandergeworfen auf dem Boden, die Augen geschlossen, als wollten sie ein grelles Licht abwehren. So mag man sich diesen beeindruckenden Augenblick vorstellen: Das Opfer bleibt in seiner Vollmacht aufrecht, die Machthaber und Henker fallen zu Boden. Warum?[60]

Pol de Limbourg, Jean Colombe , 15. Jhrdt. *Les très riches heures*. Die Nacht in Gethsemane. Musée Condé, Chantilly, Frankreich.

4   Das Rätsel des Ich

> Ich bin nicht ich,
> ich bin jener,
> der an meiner Seite geht,
> ohne dass ich ihn erblicke,
> den ich oft besuche
> und den ich oft vergesse.
> Jener, der ruhig schweigt, wenn ich spreche,
> der sanftmütig verzeiht, wenn ich hasse,
> der umherschweift, wo ich nicht bin,
> der aufrecht bleiben wird, wenn ich sterbe.
>
> *Juan Ramón Jiménez*

Die Soldaten und Judas waren im Augenblick der Gefangennahme Beute anderer Mächte. Von Judas wird dies sogar wörtlich gesagt. Als er das Brot beim Abendmahl empfangen hat, wird er das Opfer des Teufels: »Da fuhr der Satan in ihn« (Joh. 13,27). Das menschliche Ego kann nicht nur Träger des Höchsten und Edelsten werden, was die Menschheit hervorbringt, sondern es kann auch ein Nährboden für das Dämonische sein, zu dem die Menschen imstande sind. Um das Ich tobt ein Kampf, heftiger denn je zuvor.

Kurz vor seinem plötzlichen Tod im Jahre 1971 hielt der Franzose Jacques Lusseyran einen Vortrag mit dem eigenartigen Titel »Gegen die Verschmutzung des Ich«. Er ist zu seinem Testament geworden, mit welchem er die Probleme seiner und unserer Zeit an ihrer Wurzel angeht. Er zeigt hier, dass nicht nur die Erde auf alle möglichen Weisen bedroht wird, sondern dass dies auch für das Ich gilt. In unserer Zeit wird ein Krieg gegen das Ich geführt – »der gefährlichste aller

Kriege«. Lusseyran hält seinem überraschten Publikum sogar vor: »Die Verschmutzung des Ich wächst schneller als die Verschmutzung der Erde.« Wenn, so Lusseyran, das Ego des Menschen jeden Raum und jegliche Rechte erhält, wird das Ich unwiderruflich angegriffen. Denn es ist verwundbar. Alles, was das Ich nicht aus eigenen Beweggründen leistet, schwächt diesen Organismus. Wir werden in zunehmendem Maße mit Dingen vollgestopft, die nichts mehr mit dem eigenen Ich zu tun haben. Durch unsere Schulen, unsere Zerstreuungen, die Medien werden wir mit Worten, Begriffen, Bildern, Informationen überschüttet, die unser Ich ausschalten wollen. »Es ernährt sich ausschließlich von den Bewegungen, die es selbst macht. Solche, die andere an seiner Stelle machen, sind ihm nicht nur keine Hilfen, sondern schwächen es nur.«[61]

Nur selten begegnen wir in unserem Leben einem Schimmer unseres wahren Ich. Und die beunruhigende Tatsache, auf die Lusseyran zum ersten Mal hingewiesen hat, besteht darin, dass diese Momente des notwendigen Erkennens zu verschwinden drohen.

Normalerweise sind die Momente, in welchen wir etwas von unserem wahren Ich gewahren, auch die Augenblicke, in denen wir bemerken, dass wir anders sind als alle anderen. Ein Dreiundzwanzigjähriger erlebte an den starken Einsamkeitsgefühlen, die ihn überfielen, die Versuchung, sich voll und ganz in das physische Abenteuer zu stürzen – um die Einsamkeit dadurch für eine kurze Zeit zu betäuben. Wenn er die Schmerzerfahrung der Einsamkeit auszuhalten vermochte, konnte er sich auf das Geistige hin orientieren und in dieser Orientierung etwas von seiner Lebensaufgabe erkennen.

Der Maler Giovanni Segantini kommt in einem Traum dem Rätsel des menschlichen Ich ein Stück weit auf die Spur – obwohl das Rätsel eigentlich nur noch größer zu werden scheint. Er träumt, dass ihm ein dunkles, abstoßendes Wesen, ein Dämon, erscheint. Zweimal verjagt er dieses Wesen, »dann sagte ich zu mir selbst: Vielleicht habe ich falsch daran getan, es so zu verjagen – er wird sich rächen wollen. Kaum hatte ich diesen Gedanken ausgesprochen, als ein Mann, der wie ein Priester aussah, mich beim Arm ergriff und zu einem Altar führte, auf dem sich ein goldenes Tabernakel befand. Er öffnete es und ich sah den Sarg eines kleinen Kindes, den er daraufhin wieder schloss, wobei er drei Hammerschläge auf den Deckel ausführte. Dann wendete er sich mir zu und sagte: ›Dies ist ein Stück von dir.‹ Und ich antwortete ihm: ›Es war eine Seele in diesem Kind; ein Teil meiner Seele. An diesem Gestorbenen ist ein Teil meines Fleisches. Die Seele befindet sich dort oben – denn ich spüre, dass etwas von mir in der Nähe Gottes ist.‹ Danach brach ich in heftiges Schluchzen aus. Ich ging in meinem Traum in das benachbarte Zimmer, warf mich auf ein großes Bett und weinte unablässig – bis ich schließlich mit Tränen auf den Wangen erwachte.«

Beim Üben der Selbsterkenntnis wird uns diese Kluft zwischen dem höheren und dem niederen Ich häufig schmerzlich bewusst. Ein Teil von uns ist tatsächlich »in der Nähe Gottes«, wie Segantini es sogar noch im Traum weiß. Aber wir sind so weit davon entfernt, dass dieser Teil von uns nicht nur isoliert zu werden droht, er kann sogar absterben. Das höhere Ich hat nicht *per definitionem* das ewige Leben. Auch für diesen Teil von uns, der sich über uns befindet, gilt die Gesetzmäßigkeit, der Lusseyran auf die Spur kam: Unser Ich ist vergänglich, weil es jedes Mal schwächer wird, wenn es nicht tätig ist. In der Offenbarung des Johannes wird dieses Absterben des höheren Ich als »der zweite Tod« bezeichnet (Apok. 20,14).

Jeder Mensch, der noch ein wenig von seiner Verbindung mit dem höheren Ich spürt, erfährt auch die Ohnmacht, die mit diesem Zwiespalt zusammenhängt. Immer hat man, bewusst oder unbewusst, das Lebensgefühl: Ich habe nur ein ganz kleines Stückchen meiner Wirklichkeit in der Hand. Eine Schauspielerin sagte einmal, auf ein intensives Berufsleben zurückblickend: »Das Meiste von mir ist überhaupt nicht auf der Erde gewesen.« Was auf der Erde erscheint, ist nur – wenn wir an uns selbst arbeiten – der Schattenwurf unseres höheren Wesens. Zwischen unserer Arbeit auf der Erde und diesem Höchsten, das noch für uns verborgen ist, stehen wir selbst. Gerade in der Meditation kann dieses neue Selbstgefühl entstehen, das sich nicht mit unserem Körper identifiziert, mit unseren Gewohnheiten, unserer Arbeit – das sich jedoch auch noch nicht mit dem Teil von uns identifizieren kann, der noch in der Nähe Gottes ist. In der Meditation wachen wir von einem höheren Standpunkt als dem unseres kleinen Egos über uns selbst – während wir die Wärme und das Licht unseres höchsten Wesens empfinden dürfen.

Deine Arbeit sei der Schatten,
den dein Ich wirft,
wenn es beschienen wird
von der Flamme deines höheren Selbst.

Rudolf Steiner

Dieses höhere Selbst stellen wir uns zu häufig wie einen König vor, der ungerührt auf seine Diener herabblickt. Doch dieser König, der im Verborgenen regiert, ist tief mit unseren Schicksalen verbunden und engagiert. Nicht nur dass Er mit uns mitlebt. Er muss auch vieles erleiden, um unserer Schicksale willen. Ja, seine Zukunft liegt sogar in einem erheblichen Maße in unseren Händen. Er ist der Einsatz im Kampf, der sich in unserer Zeit immer mehr zuspitzt: dem Kampf um das Ich. Wie kein anderer kann Christus uns in diesem Kampf zur Seite stehen. In dem Chaos und den Stürmen, die heute auf uns zukommen, können wir uns Ihn vor Augen stellen und Ihn sprechen hören: »ICH BIN, fürchtet euch nicht.«

Mein Name ist »Ich bin«

Ich bedauerte das Vergangene
und fürchtete die Zukunft.
Plötzlich sprach mein Herr:
»Mein Name ist: ›Ich bin.‹
Wenn du in der Vergangenheit lebst
mit ihren Irrtümern und ihrem Bedauern,
wird es schwierig.
Ich bin dort nicht.
Mein Name ist nicht ›Ich war‹.
Wenn du in der Zukunft lebst
mit all ihren Schwierigkeiten und ihrer Furcht,
wird es schwierig.
Ich bin dort nicht.
Mein Name ist nicht ›Ich werde sein‹.
Wenn du im Jetzt lebst,
ist es nicht schwierig.
Hier bin ich.
Mein Name ist ›Ich bin‹.«

*(Dieser Text wurde von Janet K. Cox
in einer Kirche in Porchester gefunden.)*

5 Ich bin das Brot des Lebens

Jedes der sieben »Ich-Bin-Worte« eignet sich dafür, längere Zeit mit ihm ›herumzulaufen‹. Man kann eine Zeit lang gewissermaßen durch einen dieser Sätze hindurch auf die Wirklichkeit, die uns umgibt, wie durch ein Okular blicken. Im Wechselspiel mit Momenten der Meditation entsteht auf diese Weise ein Zusammenklang von Schauen, Betrachten und Verinnerlichen.

Wir beginnen beim Schauen. Überall in der Welt um uns herum wird auf Hunger und Durst spekuliert. Alles, was der Hunger in seinen zahllosen Formen hervorrufen kann, wird heutzutage dafür benutzt, um die Menschen zu etwas ›hinzuziehen‹. Wir kennen nicht nur den Hunger nach Nahrung, sondern auch den Hunger nach Macht, nach Gewalt, nach Sex, nach Aufmerksamkeit und Zuneigung – um nur einige Beispiele zu nennen. Auf diesem Gebiet werden Menschen, die sich von ihren Instinkten leiten lassen, häufig unersättlich – während zugleich einen Moment lang die Illusion einer Bedürfnisbefriedigung entsteht. Rudolf Steiner, der diese Entwicklung voraussah, soll am Beginn des 20. Jahrhunderts einmal die merkwürdige Voraussage gemacht haben: »Am Ende des Jahrhunderts werden Menschen Hunger leiden an überfüllten Tischen.«

Ich habe mich häufig gefragt, was Menschen in dieser ruhelosen Jagd nach Befriedigung eigentlich suchen. Als ich mir einmal auf einem überfüllten Bahnsteig, wo die Menschen wütend, gehetzt, traurig, schlecht gelaunt oder unzufrieden in der Kälte standen und warteten, die Frage stellte: Was brauchen diese Menschen? Was fehlt ihnen? – erfolgte aus einer tieferen Seelenschicht heraus die Antwort: Liebe.

Von der Menge, die sich in Erwartung Christi versammelt hat, wurde gesagt: »Sie waren wie Schafe, die keinen Hirten haben« (Mark. 6,34). So könnte man über die Menschenmassen, die sich in unserer Zeit versammeln, sagen: »Sie sind wie Hungernde, die keine Nahrung haben.« Denn dasjenige, was wirklich nährt und sättigt, lässt sich nicht im äußeren Wohlstand finden. Ein Freund Friedrich Rittelmeyers sagte einmal nach einer reichlichen Mahlzeit ziemlich enttäuscht: »An die Stelle, wo ich hungrig bin, ist jetzt noch nichts gelangt …«

Christus knüpft hier an das Alleralltäglichste und Unentbehrlichste an, dessen ein Mensch für sein Weiterleben bedarf: Essen und Trinken.

> Ich bin das Brot des Lebens.
> Wer zu mir kommt, wird nicht hungern.
> Und wer an mich glaubt, wird niemals mehr dürsten
> *(Joh. 6,36).*

Er hat, bevor Er diese Worte sprach, die Menge mit Brot gespeist. Er hat in gewisser Weise das erste Abendmahl abgehalten (»Der Tag begann sich zu neigen«), so wie Er genau ein Jahr später das letzte Abendmahl mit Seinen Jüngern halten wird (der Evangelist Johannes berichtet als Einziger: »Das Passah, das Fest der Juden, war nahe.«) Bis in die Formulierungen hinein haben diese zwei Formen des Abendmahls eine gewisse Verwandtschaft. Bei Markus werden die Handlungen während der Speisung und beim letzten Abendmahl folgendermaßen beschrieben:

> »Er nahm die fünf Brote und die zwei Fische, blickte auf zum Himmel, segnete und brach die Brote und gab sie den Jüngern« *(Mark. 6,41).*
> »Jesus nahm das Brot, segnete und brach es und gab es ihnen« *(Mark. 14,22).*

Durch diese außergewöhnlichen Handlungen ist es kein gewöhnliches Brot, das die Jünger empfangen. Auch wenn der Vergleich sehr unzulänglich ist, kann doch eine ganz einfache menschliche Handlung etwas davon verdeutlichen. Wir kennen alle den Unterschied zwischen einer Mahlzeit, die mit Liebe bereitet wurde, und einer solchen, die lieblos aufgetischt wird. Wenn ein Mann zu spät von der Arbeit nach Hause kommt und seine Frau ihm daraufhin schlecht gelaunt einen schnell aufgewärmten Rest vorsetzt mit der Mitteilung: »Hier, iss das auf!«, so stimmt etwas nicht mit dieser Mahlzeit. Und obwohl unsere Ernährungswissenschaftler behaupten werden, dass der Nährwert genau derselbe ist, kann es doch sein, dass jemand in so einem Moment ›Hunger‹ leidet, sogar an einem reichlich gedeckten Tisch.

Unvergleichlich mehr als Sympathie und menschliche Liebe gibt Christus, wenn Er das Abendmahl hält. Die großen Mystiker sind dabei gewesen. Sie haben imaginativ dieses gewaltige Geschehen, das für alle Zeiten in der geistigen Welt bewahrt wurde, miterlebt. Die Mystikerin Anna Katharina Emmerich zum Beispiel konnte im 19. Jahrhundert sehen, wie Seine nie gekannte, große, geistige Liebe in die Substanzen von Brot und Wein hinüberströmte: »All Seine Worte gingen wie Feuer und Licht aus Seinem Mund in die Apostel hinein, außer in Judas. Nun nahm Er die Schüssel mit dem Brot und sprach: ›Nehmt und esset, dies ist mein Leib, der für euch hingegeben wird.‹ Daraufhin hielt Er seine rechte Hand segnend darüber. Als Er dies tat, ging ein Glanz von Ihm aus. Seine Worte waren leuchtend, wie auch das Brot, das wie ein leuchtender Körper in den Mund der Apostel ging. Es war, als ob Er selbst in sie einzöge. Ich sah sie alle wie mit Licht durchdrungen; nur Judas sah ich dunkel. [...] Christus war in dieser Handlung verherrlicht und wie durchscheinend; Er strömte über in dasjenige, was Er gab.«[62]

Christus schenkt Sich selbst bedingungslos beim letzten Abendmahl. Danach ist Er gewissermaßen leer. Es ist das Vorspiel zum

Todeskampf, den der Evangelist Lukas danach beschreibt. Dieser Todeskampf ist die notwendige Folge des letzten Abendmahls.

Aber es gibt noch einen weiteren Schritt. Im Kreuzestod und der Auferstehung wird das Versprechen vom »Brot des Lebens« erst volle Wirklichkeit. Das letzte Abendmahl ist die Vorausspiegelung davon. Im Abendmahl gibt Christus Sich selbst seinen Jüngern. Im Tod und in der Auferstehung gibt Christus Sich selbst der Welt: »Und das Brot, das ich gebe, ist mein Leib, den ich geben werde für das Leben der Welt« (Joh. 6,51). Das Wort »Leib« ist eigentlich zu schwach, um den entsprechenden griechischen Terminus zu übersetzen. Dort steht an dieser Stelle das Wort *sarx*, das »Fleisch« bedeutet. Die richtige Übersetzung müsste lauten: »Und das Brot, das ich geben werde, ist mein Fleisch für das Leben der Welt.«

Noch viel zu häufig stellen wir uns vor, dass die ›Reichweite‹ des Christus bei den Menschen endet, die sich als Christen bezeichnen, obwohl manche Konfessionen sogar behaupten, dass seine Reichweite bereits außerhalb der Mauern jener »einen Kirche« aufhöre. Treffend hat der Schriftsteller Eric van der Steen einmal gespottet:

Vor der Höllenpforte wartet eine Schlange
von Seelen, die noch niemals hier gewesen sind ...

Der physische Leib, der im Kreuztod geopfert wird, ist ein Opfer für die ganze Schöpfung. Nicht nur für die Christen, nicht nur für die Menschen, sondern für die ›Welt‹. Der griechische Urtext hat hier das Wort *cosmos*. Das bedeutet: die mangelhafte, bedürftige, durch den Sündenfall gegangene Welt mit allem und allen, die darinnen sind. So weitreichend ist dieses Geschenk, welches uns ununterbrochen am Leben hält, dass wir es von Natur aus gar nicht mehr begreifen. Um zu einer Erkenntnis dessen zu gelangen, was wir täglich und jede Nacht von Christus empfangen – dazu hilft uns das Meditieren des Satzes: Ich bin das Brot des Lebens.

Die Handlungen, die Christus beim Abendmahl vollzieht, tragen eine geistige Gesetzmäßigkeit in sich, die auch für die Meditation von Bedeutung ist. Wie man einen Satz aus dem Evangelium meditieren kann, lehrt uns die Aufeinanderfolge Seiner Handlungen. Schon auf den ersten Blick ist es deutlich, dass es hier um viel mehr als nur äußere Gebärden geht: »Er nahm die fünf Brote und die zwei Fische, blickte auf zum Himmel, segnete und brach die Brote und gab sie den Jüngern.«

Als Christus das Brot in Seine Hände nimmt, strömen Seine besten Kräfte in das Brot hinein. Wenn Er zum Himmel aufblickt, sieht Er auch etwas – Er sieht den Vater, Er betet zu ihm. Und aus dieser innigen Verbindung mit dem Vater kann Er segnen. Das Brot nimmt eine Aura an (dies geschieht tatsächlich auch heute, wenn während der Einsetzungsworte am Altar die Hostie transsubstantiiert wird). Das Brechen des Brotes (griechisch: *klasis artu*, siehe hierzu Apostelgeschichte 2,42 und 46) öffnet das Physische für die geistigen Kräfte, die sich damit verbinden wollen. So ist dasselbe Brot, das Christus kurz davor von einem Kind erhalten hat, ›angereichert‹ mit Seiner Kraft und der des Vaters. Äußerlich ist es dasselbe Brot geblieben. Für den geistigen Blick jedoch ist es mit den Kräften vereint, die später Seinen Auferstehungsleib bilden werden. Nach der Auferstehung hält Christus mit Seinen Jüngern aufs Neue das Mahl von Brot und Fischen (Joh. 21,13), doch nun nicht mehr als Abend-, sondern als Morgenmahl. Es ist das Mahl, das danach im Kreise der Jünger fortgesetzt wird als Eucharistie.

Etwas von der geistigen Gesetzmäßigkeit, die dem Christus-Mahl zugrunde liegt, können wir auch bei der Meditation ansatzweise verfolgen. Auch hier geht es darum, etwas, das bereits fertig gebildet ist, zu nehmen, es mit geistigen Kräften von uns selbst und der göttlichen Welt anzureichern, die Worte zu öffnen, sodass geistige Kräfte in sie einströmen können – und schließlich etwas von dem Empfangenen anderen zu schenken. Eine echte Meditation entwickelt sich vom ›Nehmen‹ zum ›Geben‹. Dazwischen liegt die eigentliche Meditation, bei welcher wir zum Himmel aufblicken, worin der Himmel das segnen kann, was wir emporheben, worin die äußeren Worte ›brechen‹ und für das empfänglich werden, was aus der geistigen Welt heraus erklingt. Auch wenn es nicht unsere Aufgabe ist, das Geschenk einer Meditation nach allen Seiten auszuteilen, schenken wir doch buchstäblich der Welt etwas, wofür die Meditation auch bestimmt ist. Dank dem Anteil eines Menschen sind dieselben Worte, die bereits jahrhundertelang erklungen sind, reicher, voller, wirklicher geworden als zuvor.

Die »Ich-Bin-Worte« geben uns im Laufe der Zeit eine innere Sicherheit und einen inneren Halt, der gegen alles, was wankt und fällt, immun ist. Ich nenne sie manchmal auch »das zweite Rückgrat«. In der Zukunft werden wir noch viel stärker, als es heute der Fall ist, nie wankende Sicherheiten brauchen. Werden wir dann tief genug mit diesen Worten verbunden sein, sodass wir sie nicht nur in uns tragen, sondern auch sie uns tragen?

6   Ich bin der Weinstock

Die »Ich-Bin-Worte« sind im letzten Lebensjahr des Christus entstanden. Das erste Wort über das Brot wird im Umkreis des Passah-Festes des Jahres 32 ausgesprochen, ein Jahr vor Seinem Leidenstod (Joh. 6,4: »Und Passah, das Fest der Juden, war nahe.«)

Das Letzte, über den Wein, wird kurz vor der Kreuzigung, nach dem Abendmahl, ausgesprochen: »Dies ist mein Leib. Dies ist mein Blut.« Stattdessen spricht Christus über sich selbst in den »Ich-Bin-Worten« als über Brot und Weinstock. Ich denke, dass dies eine andere Ausdrucksweise für dieselbe Tatsache ist: Christus ist seinen Jüngern »Speise und Trank«.

Können wir uns vorstellen, dass wir so tief mit Ihm verbunden sind wie die Reben am Weinstock? So tief, dass wir »von Ihm getrennt keine Kraft haben, etwas zu tun« (Joh. 15,6)? Diese Vorstellung ist unserem heutigen Lebensgefühl diametral entgegengesetzt. Wir sind im letzten Jahrhundert doch selbstständige Menschen geworden. Wir haben uns doch aus aller Knechtschaft und Sklaverei früherer Jahrhunderte befreit und fühlen uns als ›geschlossene Persönlichkeiten‹. Christus ist in gewisser Weise Seiner Zeit weit voraus, wenn Er im selben Kapitel des Evangeliums Seine Jünger als »Freunde« bezeichnet und nicht mehr als Knechte (Joh. 15,15). Doch zugleich macht das Bild des Weinstocks und der Reben deutlich, dass wir – ob wir es wissen oder nicht – miteinander ›verwachsen‹ sind. Es gibt in unserem Leben einen Augenblick, wo wir dies auch erfahren können – auch wenn es dann (fast) zu spät zu sein scheint: Sterbende können unter bestimmten Umständen diese Erfahrung noch formulieren. Unzählige Menschen, die am Rande des Todes gestanden haben, können beschreiben, dass sie nicht allein gewesen sind in ihrer Lebensrückschau. Einige sprechen von einem »Lichtwesen«, andere wissen, dass es Christus war, der ihnen diese Rückschau in seinem Spiegel zeigte.

» ... wusste ich, dass es die ganze Zeit über bei mir war und mich durch die Rückblenden aus meinem Leben führte, weil ich seine Gegenwart spürte ... Es wollte mir mit jedem dieser Rückblicke etwas zeigen. Es ging ihm nicht darum, zu erfahren, was ich in meinem Leben getan hatte – das wusste es bereits –, sondern es suchte ganz bestimmte Ereignisse aus und führte sie mir vor, damit ich sie wieder frisch im Gedächtnis hätte.«[63]

Am Ende eines Menschenlebens verstehen wir das erst in seiner vollen Tragweite: Die ganze Zeit über war Er bei mir. Er weiß, wer ich bin ... Und ich habe nicht gewusst (oder es nicht wissen wollen), dass Er bei jedem Schritt, den ich in meinem Leben tat, neben mir ging.

Dieses beeindruckende Paradoxon wird ebenfalls im Gleichnis des Weinstocks zum Ausdruck gebracht. Einerseits tut Christus kund, wie tief unsere wechselseitige Verbindung ist – und andererseits lässt er uns in dieser Verbundenheit völlig frei (»Ich nenne euch nicht mehr Knechte«). Dies schließt die Möglichkeit ein, dass wir uns auch von ihm abwenden können, dass wir ihm den Rücken kehren und ihn ausschließen können. In radikalen Worten tut Er kund, was die Folgen eines solchen Handelns sind: »Wenn jemand nicht in mir bleibt, wird er hinausgeworfen wie die Ranke und verdorrt, und man sammelt sie und wirft sie ins Feuer und sie verbrennen« (Joh. 15,6). Hier kehrt das in seiner Tiefe gar nicht auszulotende Meditationswort des Johannes-Evangelium wieder: »bleiben«. Wer am Weinstock bleibt, wer in Seiner Liebe bleibt, bringt in seinem Leben Frucht hervor.

Wir können beginnen, etwas davon zu verwirklichen, indem wir einen Satz aus dem Evangelium längere Zeit ›hegen und pflegen‹. Nach einiger Zeit werden wir entdecken, dass diese Worte wie ein unsichtbares Haus um uns herum stehen, dass wir in ihnen herumgehen können, dass wir uns in ihnen geborgen fühlen. Dies beruht darauf, dass in diese Worte eine nie gekannte Liebe ›investiert‹ wurde, die hinter den Hülsen der Sprache verborgen ist. Wir können uns bei jedem Satz des Evangeliums fragen: Wie spricht Er diese Worte? Dann kann sich ein Satz gewissermaßen öffnen und wir werden von seinen Worten berührt. Er selbst spricht sie in uns. Wer dies einmal erlebt hat, weiß aus eigener Erfahrung, dass diese Worte niemals aufhören werden zu bestehen; dass sie wirklicher sind als die äußere Welt, die uns umgibt. Dass tatsächlich eine Zeit kommen wird, da »Himmel und Erde vergehen werden, doch meine Worte werden nicht vergehen« (Luk. 21,33). Die Liebe, mit der diese Worte gesprochen werden, ist dann noch das Einzige, was uns umhüllen wird. Wir können uns dies auch menschlicher und zeitnäher vorstellen: In einer Zeit, in welcher alle Sicherheiten ins Wanken geraten, in welcher die Kräfte des Chaos und der Destruktion dominieren, können wir erfahren, dass Liebe etwas Unantastbares ist, stärker als alle Verwüstung, stärker als der Tod.

Im folgenden Gedicht habe ich versucht, dies in Worte zu fassen:

Es kommt eine Zeit,
in der die Welt eine Wüste
von Flüchtenden geworden ist,
in welcher Herodes thront
als Herr der Horden.
Dann ist nur die Liebe noch
eine Wohnstatt auf der Flucht –
wenn der Hass alles in Kälte erstarren lässt,
wenn die Sonne alles versengt –
ein Mantel, der umhüllt,
eine Oase, die uns tränkt.

7   Christus in uns

Die zur Wahrheit wandern,
wandern allein,
keiner kann dem andern
Wegbruder sein.

Eine Spanne gehn wir,
scheint es, im Chor ...
bis zuletzt sich, sehn wir,
jeder verlor.

Selbst der Liebste ringet
irgendwo fern;
doch wer's ganz vollbringet,
siegt sich zum Stern,

schafft, sein selbst Durchchrister,
Neugottesgrund –
und ihn grüßt Geschwister
ewiger Bund.

Christian Morgenstern[64]

Noch ein kleines, aber unentbehrliches Stück der Beschreibung des langen Weges der Meditation fehlt uns. Ohne dieses letzte Stück wäre der Weg nicht nur unvollendet, es könnte auch das Ziel nicht erreicht werden.

Bis jetzt ging es bei allen Übungen darum, den einsamen Weg zu beschreiten. Denn gerade in den einsamen, stillen Momenten kann das Ich zum Wahrnehmungsorgan des Christus werden. Christus ist, wie Novalis Ihn nennt, »das Ich der Iche«. Er ist nicht das Ich unserer Gewohnheiten, unserer Neigungen, unserer seelischen Empfindungen, sondern vor allem: unseres Ich. Das Neue Testament benutzt hierfür eine starke Formulierung. Diese Formulierung ist für den Evangelisten so wesentlich, dass er – zusammen mit Apokalypse 17,5 ist es das einzige Mal, dass dies auf Griechisch geschieht – den gesamten Satz in Großbuchstaben schreibt. In der Offenbarung des Johannes (19,16) wird Christus so bezeichnet:

KÖNIG DER KÖNIGE
UND HERR DER HERREN

Auf Griechisch:

BASILEUS BASILEON
KAI KYRIOS KYRION

Damit ist nicht gemeint, dass Christus der größte Machthaber ist, sondern dass er nur solche Menschen leiten kann, die Herr und Meister über sich selbst geworden sind. »Der Christus kann sein wahres Wesen nur dann offenbaren und wirken lassen, wenn er nicht über Sklaven und Mitläufer gebietet, sondern wenn sich mündige, ihres Ich bewusste Menschen ihm freiwillig anschließen, die in sich selbst die innere Herrscherkraft, in Selbstbeherrschung, aufgerufen haben.«[64]

Dieses Königtum und diese Meisterschaft über sich selbst zu praktizieren – das ist die praktische Bedeutung und Wirkung der Meditation. Auf einem anderen, eher priesterlichen Weg üben wir Meisterschaft über uns selbst aus in Gebet und Kultus. So wie der königliche Mensch das »Ich bin« trägt, so opfert der priesterliche Mensch das »Ich bin« der göttlichen Welt. Beide Strömungen kommen im Vorstadium der künftigen Schöpfung zusammen, dem tausend Jahre lang währenden Reich, wo die künftige Menschheit einen geistigen Priester- und Königsdienst verrichtet:

»Über sie hat der zweite Tod keine Macht, doch sie werden Priester Gottes und Christi sein und sie werden als Könige diese tausend Jahre herrschen« (Apok. 20,6).

Doch alle Wege würden ins Nichts führen, wenn sie von Anfang bis Ende nur »einsame Wege« wären, wenn wir letztendlich doch nur allein mit uns selbst blieben. Zwar besteht die wichtigste Bedingung, um Christ zu werden, darin, dass wir bereit sind, alle natürlichen Bindungen um Christi willen aufzugeben: »Wenn jemand zu mir kommt und nicht wie ein Fremder seinem Vater und Mutter und Frau und Kindern und Brüdern und Schwestern, ja, auch seiner eigenen Seele gegenübersteht, kann er mein Schüler nicht sein« (Luk. 14,26), doch der Weg endet beim Neuen Jerusalem, der Stadt, in der Menschen, die Könige und Priester über ihr eigenes Ich geworden sind, eine neue Gemeinschaft bilden.

Wir erwähnten bereits den Apostel Paulus und wie er, der seiner Zeit weit voraus ist, das Königtum des Ich erfährt und in Worte fasst. Das Ich wird durch die Einwohnung des Christus gekrönt: »Christus lebt in mir« (Gal. 2,20).

Doch in einem der darauf folgenden Briefe vollzieht er einen entscheidenden Schritt, der ihn von sich selbst zum Anderen führt: Er spricht hier buchstäblich über ein Mysterium (griechisch: *mysterion*): »Es ist: Christus in euch; Sein Lichtwesen, jetzt noch Keim, will einst unser Sein durchdringen« (Kol. 1,27).

Wenn zwei Menschen, die Christus in sich tragen, einander erkennen, entsteht etwas noch nie Gekanntes, Neues. »Christus in uns« ist eine Erfahrung, die noch weiter reicht als das »Christus in mir«. Darum hat Paulus in seinen Briefen keine »Ich-Bin-Worte« mehr, sondern eine Siebenheit von »Ihr-Seid-Worten«.

In verschiedenen Briefen ruft Paulus den ersten Christen zu:

Ihr seid Gottes Acker, Gottes Bauwerk (1 Kor. 3,9).
Ihr seid Gottes Tempel (1 Kor. 3,16).
Ihr seid ein Christusbrief (2 Kor. 3,3).
Ihr seid der Leib des Christus (1 Kor. 12,27).
Ihr seid Söhne des Lichtes und des Tages (1 Thess. 5,5).
Ihr seid Söhne Gottes (Gal. 3,26).
Ihr seid eins in Christus Jesus (Gal. 3,28).

Weil er den Auferstandenen im Anderen erkennt, entsteht Gemeinschaft in Christus. Diese Gemeinschaft hat nichts mehr mit Volk oder Rasse oder Sprache zu tun, sondern sie bildet sich von Ich zu Ich. Eine solche Gemeinschaft in Christus ist noch eine ferne Zukunftsvision für »eine große Schar von Menschen aus allen Rassen, Stämmen, Völkern und Sprachen« (Apok. 7,9). Und zugleich wird etwas von dieser Zukunft doch Wirklichkeit, wenn ich in die Augen eines Menschen blicke – und Christus in ihm, »Christus in uns« erkenne.

ANHANG

Anmerkungen

1 Aus einem Brief Rudolf Steiners. Aus dem Nachlass von Rektor Moritz Bartsch (1869-1944), Breslau, einem persönlichen Schüler Rudolf Steiners.
2 Dag Hammarskjöld, *Zeichen am Weg*. Eintrag aus dem Jahr 1952.
3 Rudolf Steiner, GA 10, S. 23.
4 Rudolf Steiner, GA 217a, S. 170.
5 Karl König, *Der innere Pfad. Sieben Vorträge über Meditation und geistige Schulung*. Stuttgart 1995, S. 68f.
6 Martin Buber, »Die Welt annehmen«, in: *Die Erzählungen der Chassidim*. Zürich 1992, S. 637.
7 Rudolf Steiner, GA 40a, S. 283ff. Aus dem Vortrag »Erkenntnis und Unsterblichkeit«, gehalten am 27. November 1910 in Bremen.
8 Christian Morgenstern, Stuttgarter Ausgabe Band V, Aphorismen, S. 312.
9 Herbert Hahn, *Begegnungen mit Rudolf Steiner. Eindrücke – Rat – Lebenshilfen*. (Arbeitsmaterial für die Aus- und Fortbildung der Internationalen Vereinigung der Waldorfkindergärten) Stuttgart 1991.
10 Herbert Hahn, a. a. O., S. 53.
11 Rudolf Steiner, GA 10, S. 25f.
12 Aus: Fred Poeppig, *Yoga oder Meditation. Der Weg des Abendlandes*. Freiburg i. Br. 1953, S. 170.
13 Rudolf Steiner, GA 95, S. 159.
14 In: *Apokalypse*. Stuttgart 1981, S. 269.
15 Rudolf Steiner, GA 10, S. 37.
16 Herbert Hahn, a. a. O., S. 54.
17 Rudolf Steiner, GA 10, S. 67.
18 *Die Legenda Aurea*. Darmstadt 1997, S. 868.
19 Dieses und das folgende Zitat bei Herbert Hahn, a. a. O., S. 53.
20 Interview mit Ulla von Bernus in: Flensburger Hefte Nr. 12, »Weiße und schwarze Magie«, Flensburg 1993.
21 Rudolf Steiner, GA 245, S. 77.
22 Aus: »Deutsche Mitteilungen« Jahrgang 36, Nr. 140, Johanni 1982. Abgedruckt mit dem Hinweis: »Von Rudolf Steiner.«

23 Rudolf Steiner, GA 37/245, S. 137.
24 Eine eingehende Darstellung der Nebenübungen würde den Rahmen dieses Buches sprengen, da es dafür einer viel ausführlicheren Beschreibung bedürfte. Deswegen verweise ich auf eine andere Publikation, die sich ganz diesem Thema widmet: Florin Lowndes, *Die Belebung des Herzchakra*. Verlag Freies Geistesleben, Stuttgart ³2003.
25 Rudolf Steiner, GA 13, S. 338.
26 Rudolf Steiner, GA 10, S. 32.
27 Rudolf Steiner, GA 131, S. 221.
28 George Ritchie / Elizabeth Sherrill, *Rückkehr von morgen*. Marburg ³⁷2007, S. 107.
29 Ebd. S. 112ff.
30 Ebd. S. 115.
31 Jacques Lusseyran, *Das wiedergefundene Licht*. Gütersloh ⁸1977, S. 117.
32 Rudolf Steiner, GA 266/2. S. 56f.
33 Ausführlich dargestellt in: GA 267, *Seelenübungen Bd. 1. Übungen mit Wort- und Sinnbild-Meditationen*. Dornach ²2001.
34 Herman Melville, *Moby Dick*. Zahlreiche Ausgaben, Kapitel »Der Mattenmacher«.
35 Berichtet vom Landwirt, Priester und Dichter Rudolf von Koschützki in: *Dichter erzählen ihre Träume*. Stuttgart 1976, S. 125.
36 Nach Arthur Avalon, *Die Girlande der Buchstaben*. O. W. Barth Verlag 1978.
37 Rudolf Steiner, GA 266/1. S. 197.
38 Werner Bril [Hrsg.], *Im Zeichen der Hoffnung. Ideen und Gedanken von Rudolf Frieling*. Stuttgart 1986, S. 106.
39 ICH
Ich schaue zu, wie sich die alte Welt
in mir erhebt und immer wieder streitet,
und wie die neue sanft darübergleitet,
so wechselweis verdüstert und erhellt.
Ich schaue zu. Wie endigt wohl der Krieg?
Wird sich der trübe Rauch zu Boden schlagen
und morgendliche Klarheit drüber tagen?
ICH schaut mir zu. Vielleicht wirkt dies den Sieg …
Wir fanden einen Pfad, Nachlese. In: Stuttgarter Ausgabe, Bd. 2. Stuttgart 1992.

40 Bei diesem Text, dem so genannten Ergebenheitsgebet, handelt es sich um eine Zusammenstellung von Zitaten aus dem Vortrag »Das Wesen des Gebetes«, Berlin 17. Februar 1910, der in dem Band *Metamorphosen des Seelenlebens – Pfade der Seelenerlebnisse II* in GA 59 enthalten ist.
41 Rudolf Steiner, GA 265, S. 454.
42 Rudolf Steiner, GA 318, S. 17.
43 Siehe etwa: GA 216, Vortrag vom 29. September 1922; sowie Dietrich von Asten, *Kultische und geistige Kommunion*, Dornach 1985.
44 Albert Steffen, *Die Mission der Poesie*. Dornach 1962, S. 308.
45 Herbert Hahn, a. a. O., S. 59f.
46 Rudolf Steiner, GA 182, S. 20.
47 Siehe zum Beispiel das Märchen »Die alte Frau und die Toten« in: *Der Drache mit den sieben Köpfen*, Stuttgart 1990.
48 In Wirklichkeit sind die Entwicklungen im Leben nach dem Tode weitaus komplizierter als ich es hier darstellen kann. Eine gute Übersicht vermittelt Arie Boogert in seinen Büchern *Wir und unsere Toten. Rudolf Steiner über den Umgang mit Tod und Sterben*. Stuttgart ^{4}2005; sowie *Der Weg der Seele nach dem Tod. Unser Leben nach dem Leben*. Stuttgart 2005.
49 Herbert Hahn, a. a. O., S. 63.
50 Albert Steffen, *Die Mission der Poesie*. Dornach 1962, S. 257ff.
51 Rudolf Steiner, GA 35, S. 346.
52 Dag Hammarskjöld, *Zeichen am Weg*. Eintrag aus dem Jahr 1950.
53 In seinem Buch *Yoga oder Meditation. Der Weg des Abendlandes*, Freiburg i.Br. 1965, versucht der Autor Fred Poeppig diese Fragen zu beantworten.
54 Rudolf Frieling, *Gesammelte Schriften zum Alten und Neuen Testament. Studien zum Neuen Testament*, Bd. 4. Stuttgart 1986.
55 Rudolf Steiner, GA 145, S. 96.
56 Rudolf Frieling, »Die Ich-Bin-Worte des Johannes-Evangeliums als Zwölfheit«. In: *Studien zum Neuen Testament*, Bd. 4. Stuttgart 1986. Zum Motto auf S. 120, siehe Bril, a.a.O., S. 40.
57 Friedrich Rittelmeyer, ›Ich bin‹. *Reden und Aufsätze über die sieben ›Ich bin‹-Worte des Johannes-Evangeliums*. Stuttgart ^{2}1986.
58 Joni Eareckson Tada, *Joni. Die Biographie*. Asslar ^{2}2006, S. 117f.
59 Fred Poeppig, *Abenteuer meines Lebens*. Schaffhausen 1975. S. 138.
60 Im gesamten Johannesevangelium benutzt Christus siebenmal die Worte »Ich bin« ohne Passiv- oder Aktivobjekt:
Ich bin es, der mit dir spricht (Joh. 24,26).

Er sagte zu ihnen: Ich bin! Fürchtet euch nicht! (Joh. 6,20).
Wenn ihr nicht glaubt, dass Ich bin, werdet ihr in euren Sünden sterben (Joh. 8,24).
Wenn ihr den Menschensohn erhöhen werdet, so werdet ihr erfahren, dass Ich bin (Joh. 8,28).
Ehe Abraham war, bin Ich (Joh. 8,58).
Er sprach zu ihnen: Wen sucht ihr? Sie antworteten ihm: Jesus von Nazareth. Er sprach zu ihnen: Ich bin! (Joh. 18,5).
Jesus antwortete: Ich habe euch gesagt: ich bin. Wenn ihr mich sucht, so lasset diese gehen. (Joh. 18,8).
Man könnte hier einwenden, dass die Worte *ego eimi* noch ein achtes Mal von Jesus gebraucht werden. Die Worte von Joh. 18,5 werden vom Evangelisten eine Zeile später wiederholt: »Als er nun sagte: Ich bin, wichen sie zurück und warfen sich zu Boden.« Hier handelt es sich jedoch um eine Wiederholung, die nicht Jesus selbst, sondern der Evangelist Johannes hinzufügt – im Gegensatz zu jener Wiederholung, die Jesus selbst im achten Vers desselben Kapitels gebraucht.

61 Jacques Lusseyran, »Gegen die Verschmutzung des Ich« In: *Ein neues Sehen der Welt*. Stuttgart ²1996, S. 71.
62 Anna Katharina Emmerich, *Das bittere Leiden unsers Herrn Jesu Christi*. Aschaffenburg 1982.
63 Raymond Moody, *Leben nach dem Tod*. Reinbek 1994, S. 74.
64 Aus: Wir fanden einen Pfad. Stuttgart 1992.
65 Rudolf Frieling, *Christentum und Wiederverkörperung*. Stuttgart 1975. S. 125f.

Literatur

Allgemein

Frans Carlgren, *Der anthroposophishe Erkenntnisweg. Eine Einführung*, Stuttgart 1995.
Karl König, *Der innere Pfad. Sieben Vorträge über Meditation und geistige Schulung.* Verlag Freies Geistesleben, Stuttgart 1995.
Jörgen Smit, *Meditation und Christuserfahrung. Wege zur Verwandlung des eigenen Lebens*, Stuttgart ³2000.
Rudolf Steiner, *Wie erlangt man Erkenntnisse der höheren Welten?* Rudolf Steiner Verlag, Dornach ²⁴1993.
Jaap van de Weg, *Hinter dem Schleier. Meditation für Einsteiger*, Stuttgart ²2007.

Östliche und westliche Meditation

Fred Poeppig, *Yoga oder Meditation. Der Weg des Abendlandes.* Freiburg i. Br. ²1965.

Christliche Meditation

Dag Hammarskjöld, *Zeichen am Weg.* Droemer, München 2005.
Rudolf Frieling, *Gesammelte Schriften zum Alten und Neuen Testament IV. Studien zum Neuen Testament.* Verlag Urachhaus, Stuttgart 1986.
Friedrich Rittelmeyer, *Meditation. Zwölf Briefe über Selbsterziehung.* Verlag Urachhaus, Stuttgart ¹³1997.
ders., *›Ich bin‹. Reden und Aufsätze über die sieben ›Ich bin‹-Worte des Johannes-Evangeliums.* Verlag Urachhaus, Stuttgart ²1986.
Rudolf Steiner, *Anweisungen für eine esoterische Schulung.* GA 245. Dornach ⁶1987.
ders., *Zur Geschichte und aus den Inhalten der ersten Abteilung der Esoterischen Schule 1904–1914.* GA 264. Dornach 1984.

ders., *Zur Geschichte und aus den Inhalten der erkenntniskultischen Abteilung der Esoterischen Schule 1904–1914*. GA 265. Dornach 1987.
ders., *Aus den Inhalten der Esoterischen Schule*. GA 266. Dornach 1998.
ders., *Seelenübungen I. Übungen mit Wort- und Sinnbildmeditationen*. GA 267. Dornach 1997.
ders., *Seelenübungen II. Mantrische Sprüche*. GA 268. Dornach 1998.

Meditationen für Verstorbene

Arie Boogert, *Wir und unsere Toten*. Verlag Urachhaus, Stuttgart [4]1995.
ders., *Der Weg der Seele nach dem Tod*. Verlag Urachhaus, Stuttgart 1995.
Friedrich Rittelmeyer, *Gemeinschaft mit den Verstorbenen*. Verlag Urachhaus, Stuttgart [9]1983.
Albert Steffen, *Die Mission der Poesie*. Dornach 1965.

Das Johannes-Evangelium als Meditationsinhalt

Friedrich Rittelmeyer, *Briefe über das Johannes-Evangelium*. Verlag Urachhaus, Stuttgart [4]1994.

Über den Autor

Bastiaan Baan (geb. 1949 in Haarlem/NL) hat einige Jahre als Lehrer in den USA und Indien gearbeitet. Seit 25 Jahren ist er als Priester der Christengemeinschaft tätig, zuletzt in Zeist/Niederlande. Er hält regelmäßig Vorträge in den Niederlanden sowie in Deutschland und England.

Bastiaan Baan

Der Herr der Elemente
Naturwesen in christlicher Sicht

270 Seiten, geb.

In alten Kulturen und noch bis ins Mittelalter wurde die Natur als ein Wesen, als lebender Organismus betrachtet. Nicht nur heidnische Völker sahen in ihr einen a-religiösen Gottesersatz, sondern auch die christliche Tradition kennt einen solchen Umgang mit der Natur, wovon das Neue Testament an zahlreichen Stellen Zeugnis ablegt. Etwa wenn Jesus über das Wasser geht oder Stürmen Einhalt gebietet, zeigt er sich als der »Herr der Elemente«.

Bastiaan Baan spannt in seinem neuen Buch den Bogen von den ältesten Zeugnissen über das Christentum bis in die Gegenwart. Dabei steht besonders die religiöse Dimension der heute vermehrt auftretenden Begegnungen mit Naturwesen im Mittelpunkt.

URACHHAUS

Johann Valentin Andreä

Die chymische Hochzeit des Christian Rosencreutz

Gedeutet und kommentiert von Bastaan Baan

Kommentare übersetzt aus dem Niederländischen
von Agnes Dom-Lauwers

254 Seiten, mit zahlreichen Abbildungen, geb.

In sprachlich wie inhaltlich überzeugender Form liegt hier eines der Hauptwerke rosenkreuzerischer Literatur in neuer Übersetzung vor. Der fundierte Kommentar Bastiaan Baans und die zum Teil zeitgenössischen Illustrationen machen dieses Meisterwerk des 17. Jahrhunderts in überraschend aktueller Weise neu zugänglich.

URACHHAUS